JN047111

中華世界を読む

INTEGRATION AND DIVISION OF GREATER CHINA

奈倉 京子[編著]

及川 茜／崔 晨／首藤 明和／玉置 充子
富沢 寿勇／濱下 武志

東方書店

はしがき

　本書は、2019年7月14日に開催された、シンポジウム「中華世界を読む——その統合、分裂、再創造」（於静岡県男女共同参画センターあざれあ）で登壇者が報告された内容及びディスカッションがもとになっている。本シンポジウムは、静岡県立大学グローバル地域センターのプロジェクト「21世紀アジアのグローバル・ネットワーク構築と静岡県の新たな役割」（代表者：濱下武志センター長、2017年度〜2020年度）により主催された。本プロジェクトの趣旨は、中国が進める「一帯一路」に注目しながら、多様なアジア間ネットワーク形成のあり方を検討し、日本そして静岡の果たすべき役割について調査研究を推進するというものである。この趣旨にもとづき、シンポジウムでは、グローバル・ネットワークを構築した先駆者である中華系移民に目配りしつつ、現代は多様な人々がネットワークに参与していることを確認した。

　「中華世界」は、立場によって、いぜんとして序列的な「文化中国」的世界に見えることもあれば、国民国家・中国を離れたところで展開される世界が現れることもある。読者の皆さんが、グローバル化の民族、都市、地域に与える影響を学びながら、多様な「中華世界」を想像できれば幸いである。

　本書の出版にあたり、まず、シンポジウムの企画・運営を支えてくださった、静岡県立大学グローバル地域センターの事務局の皆さんに、心よりお礼申し上げる。次に、東方書店の川崎道雄さんと伊藤みのりさんは、本書の企画に興味を持ってくださり、出版の可能性を切り開いてくださった。そして、家本奈都さんには、シンポジウムにご出席いただき、打ち合わせの際には貴重なご意見をいただいた。その後も本書の構成について建設的なご助言をいただき、校正では大変お世話になった。家本さんのお力なくして本書は完成しなかった。この場を借りて感謝を申し上げたい。

（編者　奈倉京子）

i

中華世界を読む

目　次

「中華世界」―その輪郭をどう描くか―

奈倉　京子

はじめに

　1980年代以降、Greater China（グレーター・チャイナ）という用語が聞かれるようになり、とりわけ、中国の改革・開放路線が軌道に乗り始めた1990年代に学術界やメディアで盛んに取り上げられた。Greater Chinaは中国語で「大中華」（Dà Zhōnghuá）、日本語では「中華圏」「大中華圏」等と訳される。中国、台湾、香港、シンガポールの間で国民国家の行政管理の壁を越えた地域の経済的結びつきを強調する時に用いられる他、「陸の中国」（中国大陸）と「海の中国」（華僑華人圏）を合わせた複合的なつながりをもつ範疇を表現する時に用いられる等の様々な解釈がある。本章では、Greater Chinaと「中華世界」を同様の意味として扱い、その中には中華系移民（華僑華人）のネットワークがつくる「華人世界」も含むことにする。

　1980年代後半から90年代の国際社会では、地域主義的経済連携が現れ始めた。例えば、1989年よりオーストラリアの提唱により開かれているAPEC（アジア太平洋経済協力会議）、1993年にヨーロッパの12か国で発足したEU、1994年に発足したNAFTA（北米自由貿易協定）などが挙げられる。冷戦が終焉し、新たな国際秩序が模索され、「文明の衝突」がキーワードの一つとなり始めたこの時代、欧米では、Greater Chinaの台頭がこれからの国際社会にどのような影響を及ぼすのかということに関心が高まり、経済的な連携が、中華系の人々の政治的な結びつきを強め、各居住地の政治に影響を及ぼすのではないかと危惧する声も囁かれた。

　「中華世界」をテーマに扱った、1990年代以降に刊行された書籍や論文を

見ると、その対象の設定には次の通りいくつかのとらえ方がある。①中国の中央権力が自己の領域だとみなすところ、すなわち、中国、香港、台湾を対象とする。②中国、香港、台湾に加えて、シンガポールをはじめ東南アジアの中華系の人々のコミュニティを含む。もしくは東南アジアに限らず、世界中の中華系の人々のコミュニティを含む。③少数民族居住地区を含めた中国、そして台湾、香港に加えて、環日本海圏、環渤海圏、モンゴルといった周辺領域も含めて「中華世界」を検討しているものもある。つづいて「中華世界」に住む人々は、漢族、中国国内に居住する少数民族、海外に居住する中国人・中華系移民、移動する中国籍の少数民族（回族、朝鮮族など）、さらに日本人、韓国人も対象に検討しているものもある。いずれも国民国家・中国の政治的機能を中心に据えることで共通している。

　村田雄二郎は、『シリーズ20世紀中国史　1　中華世界と近代』の序論「持続・変容する世界および他者との邂逅」の中で、19世紀中国の制度や観念の複合体を「中華世界」と表現し、それは決して超歴史的で固定的な実体ではなく、清朝中国—あるいは中央ユーラシアの大清帝国—という特定の歴史的環境の中で創出された複合的な体制・秩序の謂とすべきであると述べている。19世紀から20世紀はじめにおける清朝中国をめぐる世界を「中華帝国」「中国的帝国」と表現することを避けたのは、それ以前の華夷秩序や朝貢・互市で括られる相互関係の総体を超越した多種族・多文化の複合国家と把握するためであるとしている（村田2009：3-6）。時代設定が異なるものの清朝の政治的機能を中心に据えている点は上記の「中華世界」のとらえ方と共通するが、多種族・多文化の複合性に着眼している点は、本書の「中華世界」の輪郭の描き方に啓発をあたえてくれる。

　以上を参照しながら、本書では、1980年代以降の「中華世界」の輪郭をどう描くかを検討する。その際、中国の政治的機能を中心に据えることを前提とするのではなく、中国を、複数の民族・地域が出合い、経済・文化・社会的交流をするためのプラットホームと定め、そうした場やつながりを利用しながら形成される越境空間を「中華世界」ととらえたい。中国至上主義的立

場を取るのではなく、また経済連携を強調するのでもなく、複数の地域、民族のそれぞれを中心とすることで浮かび上がる「中華世界」の輪郭を多元的に描こうとするものである。とりわけ、グローバル化がもたらした中華世界の統合、分裂、創造の同時多発的現象に着目していく。

　しかし、読者の皆さんにとって「中華世界」といってまず想起されるのは、近年の習近平政権の下で繰り広げられる中華民族統一のイデオロギーや「一帯一路」構想に代表される経済政策ではないだろうか。もともと「中華」は人々が自由に選び取るものであったが、現在は政治的な圧力を以って「中華」が強要される場面も現実に起きている。こうした実体にも目配りをしながら、本章では、①国家としての中国を中核に、世界の中華系、非中華系の人々を政治的・経済的に統合しようとする側面、②「中華世界」を形成する人々の多層化にともない、文化的実践や社会関係の面で分裂したり新たなかたちが創造されたりする側面について検討していく。その際、ハリー・ハーディングのGreater China論を参照してみたい。

一. 「中華世界」を複合的に捉える視座
――ハリー・ハーディングのGreater China論を手がかりとして

　1990年代のGreater Chinaの議論をふり返り、主な論点を整理する中で、筆者が最も啓発を受けたのは、アメリカの政治学者のハリー・ハーディング（Harding, Harry）の論文The concept of "Greater China": Themes, variations and reservations.である。1993年1月に香港で「Greater China」と題するシンポジウムが開催され、その成果がチャイナ・クオータリーという英文雑誌で「特集」として発表された。本論文はそのなかの一つである。ハーディングは、Greater Chinaの語源を丁寧に整理し、その上で地域間の経済活動の考察に留まらない、多角的視座からその現状と展望を動態的にとらえようとした。20数年経った今、実際に起きている現象と照らし合わせながら再読してみると、ハーディングが国際社会の将来像を見事に想像してい

たのを感じ取ることができる。

ハーディングは、Greater Chinaの定義は明らかではなく、様々な使われ方がされていると述べている。世界中のチャイニーズ・コミュニティの間で、行政的管理の枠を越えて商業活動が行われていることを重視する人もいれば、文化的な相互作用に関心を寄せる人もいるし、政治的な再統合に期待する人もいる。またある人は、香港、台湾、マカオ、中国に焦点を当て、ある人は、シンガポールをはじめ、東南アジア、アメリカ、ヨーロッパなどに住む中華系の人々も含めて検討する。

"Greater" は、行政上の境界にまたがる経済的および人口学的地域を示唆するために使われてきた。"Greater London" や "Greater New York Metropolitan" 等と用いられる。"Greater London" は、ロンドン市およびその近郊のことだが、それらの郊外は地方自治体の管轄外にある場合も含む。一方でかつてドイツや日本が行った "Greater East Asia Co-Prosperity Sphere"（大東亜共栄圏）や "Greater Germany" は歴史の負のイメージを含みもつ。

Greater Chinaの概念は、「中国本土」（China Proper）と「属地」「藩属」（Outer China）の間の伝統的な区別（最初は中国人によって行われ、次に西側の地理学者によって採用された）に遡ることができる。「中国本土」（China Proper）は中央朝廷が直接支配しているところであり、その他の地域は「属地」「藩属」（Outer China）で、少数民族の人々が住んでいた。この2つの地域を合わせて「中華帝国」と呼ばれていたが、1934年にアメリカの地理学者、ジョージ・バブコック・クレッシー（Cressey, G. B.）が初めて両者をひとまとめにしたGreater Chinaという語を用いたと紹介されている。

中国がポスト毛沢東時代を迎えると、香港との経済的結びつきの広がりが議論されるようになり、同時に台湾との間にも商業の交流が行われるようになった。1979年6月、『長橋』という台湾の雑誌で、香港、台湾、マカオ、シンガポール、中国の経済的連結が「中華共同市場」（Chinese Common Market）として紹介された。加えて香港では1980年に、香港、台湾、中国の

間の経済的協力関係を意味する「中国人共同体」「中国人経済集団」の語が
考案された。また英語圏では1980年代にGreater Chinaが経済的結びつき、
政治的再統合の意味で用いられるようになった。そして1990年代初頭には、
Greater Chinaという用語は一般的になったと述べている。

　以下では、ハーディングが論文の中で提示しているいくつかの観点を手掛
かりに、2000年以降、本格的にグローバル化路線を歩み始めた中国をめぐる
国際関係の動向と照らし合わせながら、現代の「中華世界」を再考してみた
い。

(1)　経済的側面、政治的側面、文化的側面から検討すること

　共通の文化的アイデンティティは経済的つながりを促進し、経済的相互依
存は政治的統一の基盤を築く可能性があるため、理論上は、文化、経済、政
治という三つの側面が相互に関係しあいながら一つの統一された実体となっ
て現れうる。だが、それら三つの側面は、それぞれが良好に結びついている
とは限らず、乖離する側面もある。

　三つの側面を分けて考えるというハーディングの指摘から筆者が想起した
のは、海外に住む華人が、経済活動を愛国心と安易に結びつけられることに
反感を示すことである。自身も華人であるアイワ・オングは、華人の「フレ
キシブル・シティズンシップ」の概念を提唱したことで著名である。オング
は、Greater Chinaを「中国または中国が支配する経済に侵入する唯一の手
段である多国籍民族の概念」（Ong 1999：67）、つまり経済的概念と捉え、こ
れを政治的な次元と一致させることに疑義を呈している。彼女はインドネシ
ア華人出身の研究者、黄昆章の言葉を引いて次のように述べている。「ナ
ショナルな観点からGreater Chinaという概念に反対する。法的観点から見
ても、同じ言語や文化を共有しているというだけで異なる国家を一括りにす
ることはできない。東南アジアの大部分の華僑もこの概念を拒否するだろ
う。しかし台湾はこの概念を好む。この概念は中国の発展を計るための経済
的な概念である。……華僑は愛国であるからではなく、投資利益のために投

資するのである」（Ong 1999：60-61）。つまり、儲けのために中国へ投資する経済的動機と中国に対する政治的愛国心を分けて考えるべきであると主張している。

　こうした指摘は現在の中華世界において現在進行形で起きている現象にも通じる。経済交流によって民間の文化交流は促進されているが、政治的には距離を置こうとする側面が見られ、三つの次元で、統合・連携も起きれば分裂も起きる。

(2) 統合的側面だけでなく、収束を阻害する崩壊、分離の要因も存在する。Greater China内の交流はまた、社会的、文化的、経済的、政治的な亀裂を生み出すこともある。

　中国との政治的な関係でいえば、台湾ナショナリズムの高揚や香港での「雨傘運動」（2014年香港反政府デモ）及び「逃亡犯条例」改正案の完全撤回などを求める大規模な抗議デモ（2019年）といった社会運動が想起される。また、ハーディングは、文化的側面について、海外に住む華人が多層の文化的アイデンティティを発展させ維持する可能性に言及している。このことを証明する好例がある。

　1990年代以降提唱された「華語語系文学（Sinophone Literature）」をめぐる議論を紹介したい。史書美（Shih Shu-mei。韓国で生まれる。台湾の大学を卒業。アメリカで修士博士課程を修了。UCLAで教鞭を執る）は海外の華人が政治的（民族的）概念の「中国」に帰属することを批判的に論じている。「華語語系」とは華語を話す人々である。そして「華語」は、必ずしも標準中国語を基礎としていないことを彼女は主張する。彼女は、「華語を話す人々」は、個人の民族や種族ではなく、言語グループや移民コミュニティといった場所を拠り所としており、そのような場所は、日常生活の実践と経験や歴史の反映と転換によって形成される。それを「在地化」と称している。「中国と起源を同じくする華語を使用することで現代の中国と結びつける必要は決してない。英語を話す人が必ずしも英国と結び付けられる必要がないのと同じであ

る」（史2011：9）と述べている。交流することによって他者と差異化する動きも起こり、結果、分散化することもある。「華語」をめぐる論争については、本書の中で及川茜が丁寧に整理をしており、言語認識から見る文化的な分裂の現象を緻密に描いている。

　他方で、史書美は、『現代思想』に寄稿した「グローバル化とマイノリティ化　李安と柔軟性の政治」の中で、台湾出身の映画監督、アン・リー（Lee, Ang、李安）の作品や彼に対する雑誌のインタビューを分析することを通して、台湾はアメリカの「マイノリティ」になることによって、自身を中国と同一視されることから引き離している、という見解を示している。リーは1993年に雑誌の取材で、今日の台湾人は合衆国の中国移民と全く同じように西洋化されていて、両方の集団とも西洋化されることを望みながら、中国の家族主義と儒教的倫理観を維持しているのだと述べた（史2001：93-115）。台湾は、中国と経済的につながることには積極的で、好意的であるが、日本による統治の歴史やアメリカ文化の受容の経験から、文化の面では、中国と切り離して自らの文化を打ち出そうとしている。その後の台湾情勢については、本書の中で玉置充子が、近年の蔡英文の「新南向政策」について紹介しており、台湾が東南アジアとの距離を縮め、中国との差異化をはかりながら、台湾独自の「中華」を醸成していく、新たな「中華世界」の萌芽を見ることができる。

(3) 華商ネットワークは開放的で、より大きな経済圏と接点をもつ。その中で中国は参与者の一人であり、中心人物ではない。

　華商（海外で商業活動を行う華人）は、そもそも国民国家の中国を中心に（ハブとして）経済活動を営んでいるのではないとするハーディングの指摘は、現在にも通じる。華人研究で著名な中国人研究者・李其栄は、東アジア二国間で、1970年代から始まる経済移民が当該地域・国家の近代化にどのような影響を及ぼしたのかを考察した。その中で、「華商ネットワークの中では、中国はただ参与者であるだけで、中心ではなく、それは自由に世界各地

の発展した経済と連絡し、利潤を得ようとしている」（李2010：26）と指摘している。華商ネットワークは「緩いつながり」によって、効率よく日本や韓国のビジネスネットワークと交渉し、またその性格は日本や韓国のビジネスネットワークと比べると、とても開放的で包摂力があると述べている（李2010：26）。

　加えて華商ネットワークは、ある一定の地域で完結されるものではなく、より大きな経済圏と接点をもつというハーディングの指摘も、現状と照らすと説得力がある。Greater Chinaの最初の肖像画からは除外されていた中国の地域や、日本、ロシア、インド、そして北アメリカ等が関与するようになっている。例えば、環渤海湾経済圏や環日本海の経済ネットワークとの接合、そして環太平洋地域の多国間経済共同体に直接的、間接的に参与している。市場から見ると、アメリカ、ヨーロッパ、アフリカ、中東といった広範囲に及んでいる。

　しかし一方で、近年、「中国は中心人物ではない」という指摘を再検討しなければならない現実にも直面している。中国で習近平政権が始動した2013年以降、「中華民族の偉大なる復興」というスローガンが掲げられ、「中華民族」は、中国国内の漢族と少数民族に加えて台湾、香港、マカオの同胞及び海外に住む中国人・中華系移民も含みもつようになった。さらに、「一帯一路」構想が掲げられてからは、中国の求心力と遠心力がよりいっそう強調されるようになっている。中国人研究者は、海外に住む中華系の人々が「一帯一路」構想にいかに貢献しているかを報告しているし、日本を含む海外メディアでは、「中華民族」「一帯一路」構想は、「中華世界」と結び付けられる傾向にあり、中国の越境的なナショナリズムを危惧する声もある。例えば、オーストラリアでは、クライブ・ハミルトンが "Silent Invasion: China's Influence in Australia（静かなる侵略　オーストラリアにおける中国の影響）" を出版し、オーストラリアにおける中国の経済的・政治的影響力拡大に警笛を鳴らしている。その媒介者が中国人留学生や移住者であり、中国政府による「僑務」（海外在住の中国人、華人、帰国華僑など、海外とつながりをも

つ中国人に関する業務を行うこと。業務を司るのは僑務弁公室で、各行政単位に設けられている。2018年10月以降、国務院再編により国務院統一戦線部の直轄となった）が海外に居住する中国人及び中華系の人々と中国をつないでいると見る。

　ところで、19世紀から20世紀にかけて、主に中国の南方から海外へ移住し、移住先で代々生活してきた人々（華僑華人）が、生活扶助のために地縁、血縁、業縁等を紐帯として結成した同郷会、宗親会、公所等は「華人社団」（もしくは「華人会館」）と呼ばれた。しかし、世代を経るにつれて華人の若い世代が、華人社団を頼りにすることは少なくなり、代わって越境的な宗親会や同郷会などを創設し、ビジネスのための人脈作りに利用する新しい形が現れた。また、中国の改革・開放以降、中国から留学やビジネスを目的として海外へ移住した中国人は、中国語で「新移民」と呼ばれるが、新移民を中心に結成された組織を「新型華人社団」と呼ぶことがある。新型華人社団は、中国政府の「公共外交」（パブリック・ディプロマシー。「文化外交」と同様の意味であるが、中国の場合は政府主導の性格が強いという特徴をもつ）と結びつきやすく、「僑務公共外交」（中華系の人々・新移民の媒介的作用を利用して中国のソフトパワーを高める）の中で、仲介者的役割を果たすことがある。

　*Silent Invasion*に「オーストラリア中国和平統一促進会」という中国系移民組織が登場する。これは各界の在オーストラリア中国人により2000年に創設された組織で、海外の華人社団と交流をし、中国と台湾の交流を促進させ、平和的統一の実現を目指して創設された。前述した李其栄によると、アメリカでは、1990年に学術、ビジネス、法律、政治、科学、芸術等の分野の著名な在アメリカ華人によって立ち上げられた「百人委員会」（committee of 100）があり、在アメリカ華人と米中関係に関する諸問題を共同で議論し解決していくことや、在アメリカ華人の全面的なアメリカ社会への参加を促進すること等を目的としている。加えて、1998年初め、中国系アメリカ人の貿易界、商業界、科学技術界の著名人は「米中促進総会」を立ち上げ、米中経済貿易や科学技術交流と協力のために努力している（奈倉2018）。日本も例外ではない。2011年に「日本福建経済文化促進会」が結成され、在日華人が日

本と福建の経済連携の機会を提供している。

　このような新型華人社団の事例は、もともと国家や企業といった組織化された縦の制度の対概念として、中心をもたず、自由自在に、地域横断的に、横のつながりを構築するネットワークの性質の変化を示している。地縁・血縁に支えられた伝統的な華僑華人ネットワークは、移住先での生存を目的として扶助組織を結成してきたのに対し、中国との紐帯もしくは中国の発展を目的として結成される新型華人社団は、中国政府にコントロールされており、本来のネットワークの性質が、その対概念である縦の制度（国家）にコントロールされているのである。

(4) Greater Chinaは別のタームで形容されうる複数の現象を含んでいる。

　(3)で述べたように、大きな経済圏と接点をもつGreater Chinaの活動は、異なる経済ネットワーク、民族ネットワークとの重複、共存を内包する。例えば、寺島実郎は「ユニオンジャックの矢」（ロンドン→ドバイ→インド→シンガポール→シドニー）と大中華圏（中国、台湾、香港、シンガポール）がシンガポールを接点として結びつくことに着目した（寺島2012）。これは、Greater Chinaが「大きな経済圏と接点をもつこと」を示し、シンガポールを介して、マレーシアやインドネシアと接し、イスラーム世界とも接点をもちやすくするという重要な機能を浮かび上がらせる。「ユニオンジャックの矢と大中華圏」の接合は、シンガポールをハブとして広がる空間というように別の姿が浮かび上がる。つまり、Greater Chinaは単体で存在するだけでなく、他の経済ネットワーク、民族ネットワークと相互に関わり合いながら、豊富なバリエーションを呈するのである。こうしたバリエーションは、アジアの歴史的文脈、国際社会のポスト冷戦構造そしてグローバル化等が作用している。

　また、国際情勢の変化により、国家の中のある一つの地域・都市を中心に、ある民族が越境空間を創造するケースも見られる。例えば、中国朝鮮族は、「延辺」（中国延辺朝鮮族自治州）を中心に東アジア、北東アジアへとネッ

トワークを広げている（例えば玄2001、権2019）。この現象は、Greater China
の現象のバリエーションの一つと考えられるが、中国朝鮮族の歴史的文脈に
位置づけて、別のタームで形容することもできるであろう。本書の中で、首
藤明和は、雲南を中心に、回族独自の思想と歴史を紐解き、「中華」の受容
の諸相を明らかにしている。自由に「中華」を選び取ることのできた時代か
ら現代の政府・党の政治的圧力下での回族の「中華世界」に対する向き合い
方を、回族の立場から論じている。他方で、本書の補論の中で富沢寿勇は、
通称ガナペと呼ばれるマレーシアの国民組織を中心に展開されたマレー世界
運動を分析しているが、そのプロセスで、ガナペが雲南に訪問団を派遣して
おり、その理由は、同地域が「マレー人の起源地」と認識されてきたからで
あると述べている。首藤や富沢の論考は、雲南が、漢文化、回文化、マレー
文化と交わっており、Greater Chinaを雲南を基点とする、異なる民族ネッ
トワークの交流圏ととらえる視座を提供してくれる。

(5) Greater Chinaは非制度的な現象の拡大である。

　従来の「中華世界」（ここでは特に「華人社会」を意味する）は、国家という
制度に基づくものではなく、華人（華商）ネットワークという非制度的な紐
帯によって成り立っていた。海外に居住する中華系の人々による地域を越え
た経済的・社会的活動は、製造、販売、輸出入などの正式な制度によるもの
だけでなく、国家の制度を拠り所としない民間レベルの集団、例えば、（3）
で言及したように、地縁や血縁を媒介とする宗親会や同郷会等が自力で「家
族」的ネットワークを利用しながら経営の努力をしていることも含まれる。
伝統的に受け継がれてきたこうした経済活動の仕組みはつづいている。だ
が、（3）の後半で述べたように、国家が華人ネットワークを援用する場面も
見られ、本来は制度から自由なネットワークを「制度化」「規範化」しよう
とする動きが起こり始めていることにも留意すべきである。

(6) Greater Chinaは未確定の一連のプロセスである。

　こうして見てくると、Greater Chinaはかたちを変えてゆくことが予想される、動態的な実体である。新たな変化の一例を挙げたい。当初は中国、台湾、香港、シンガポールを中心とする地域間の経済活動の中で、とりわけ広東、福建の沿海部の都市と台湾、香港の間で形成された華南経済圏が注目を集めた。それに対し最近では、中国、台湾、香港、東南アジアの中華系の人々及び欧州の中華系の人々の、文化（言語・教育）を介した交流も頻繁になった。台湾は早くからマレーシアの華語学校で実施している統一試験を承認しており、「華僑枠」を設けて卒業生を大学へ受け入れてきたが、1990年以降、マレーシアと中国の間で政治的問題が解決すると、マレーシアの中華系の若者が中国へ留学するケースが増えた（奈倉編2018：270-302）。加えて、かつて政府間の問題のためにほとんど行われていなかった、台湾や香港から中国へ留学して学位を取得する人が増え、双方で学位が承認され始めている。逆に中国から香港、台湾、シンガポール、マレーシアへ留学する若者も増加している。このような「トランスナショナルな高等教育」（杉本2014）もGreater Chinaに新たに加えられた肖像の一つのかたちである。さらに、欧州の中華系の若者が祖先の出身地へ中国語を学びに来ること（トルエジャ2018）や、欧州の華人社団が主催する中国語教室へ現地の非中華系の子どもたちが学びに来る現象（奈倉2016）からは、「中華世界」を形成する人々が多層化していることが窺える。

　Greater Chinaは、交流のプラットホームである中国の国内政治、外交、経済政策に左右されるだけでなく、グローバル化がもたらす要因やその他の国際情勢によって今後も様々にかたちを変えていくことが予想される。

二．「中華世界」を形成する人々の多層化

　以上、ハーディングの観点を手掛かりに、中華世界の変容を分析した時、

共通して見えてくる要因がある。それは、「中華世界」を形成する人々の多
層化である。日本の華人社会を歴史的観点から研究し、多くの業績を蓄積す
る廖赤陽は、「華商」概念がしだいに曖昧になっていると話す（2019年5月13
日静岡県立大学グローバル地域センター研究会での報告）。「華商」の元来の定義
は、血統的に中国人で、①中国商人、②香港・台湾・マカオの商人、③海外
の華人商人、に分けることができ、広域的に経済活動をすることを特徴とし
ていた。しかし、現在は、中国籍をもつ少数民族出身の商人もおり、例えば
新疆ウイグル自治区出身のイスラーム系の民族は、トルコ等の中央アジアの
民族とも頻繁に交流している。彼らは従来の「華商」とは、交易対象や所属
団体などの面で性質が異なる。さらに、非中華系の人々の参入も見られる。
例えば日本では、日本企業も中華商会の会員となっているという。こうした
状況は、従来のカテゴリーで「華商」を対象化するのを難しくしている。

　つづいて、中国が送出する移民の変化に着目してみると、「新移民」に区
分される人々の海外移住が頻繁化した現象に注目できる。「新移民」は、改
革・開放以降に海外へ移住した人々を指す。民族の観点から見れば少数民族
を含み、社会階層の観点から見れば、高学歴・高技術のエリート層もいれ
ば、国際結婚や出稼ぎ労働を目的に移住する農村出身者も含む。これに加え
て近年、中国の地方政府は、対外援助プロジェクトを立ち上げ、海外でお金
を稼ぐことを望む農村出身者を募ってアフリカへ派遣する動きも起きてい
る。政府の対外援助プロジェクトが農民の海外への移動の契機を作り出して
いるのである。中国近現代外交史を専門とする川島真の調査によると、中国
の農村部（多くは河南、江西など経済発展から取り残された地域）の閉塞状況（人
口圧力、都市への移動の不自由さ、農作物販売価格の低さ、生活水準向上の機会の限
界など）を打破すべく、政府の援助プロジェクトなどでアフリカへ出稼ぎに
行き、そうした人々を頼って中国の農民がさらに移民し、そこで農業を営む
ことで富と成功を得る、という構図がアフリカにあるという（川島2017）。注
目すべきは、現地の中国人社会の情報をより正確に、かつ全体を把握してい
たのは、必ずしも大使館関係者ではなく、中華商会の幹部であったことであ

る。伝統的な華人社会が新移民の生活の土壌を耕しており、移住の連続性を生み出している。

　加えて、海外に居住する中華系の人々から見ると、移民の三世、四世、五世と世代を経るにつれて、彼／彼女らの国家、文化に対するアイデンティティは上の世代とは異なる様相を示している。また、「中国－スペイン間を移動する華人子孫」を調査研究したスペイン人研究者のイレネ・マスデウ・トルエジャ（Toruella, I. M.）によれば、「第二世代の移民」というカテゴリーに一括りにされている中華系移民の子孫には、複数の国へと移住を繰り返してきたため、複数の異文化経験をしてきた人が多くいる。加えて、「異世代移民カップル」（異なる移民世代に属する個人同士が結びついたカップル）の事例を取り上げ、同じ中華系に属するカップルでも、移動経験によって帰属意識や価値観が異なることを論じている（トルエジャ2018）。

　地方で、排斥や戦争のために1950年代から70年代に東南アジア地域から中国や台湾への帰国を余儀なくされた帰国華僑（難民）と呼ばれる人々や、1980年代後半から、東南アジアから台湾へやってきた「新住民」の人々などもおり、「中華世界」を構成する人々は多層化している。

三.「中華というアイデンティティ」の再考
——「華」から「僑」へのシフト

　「中華世界」を構成する人々が多層化している状況で「中華というアイデンティティ」もしくは「祖国」への愛着を人々が無条件に抱くこと、あるいは中国政府が人々にそれを強要することには無理があると思われる。

　習近平政権が始動して間もない2013年4月7日、朝日新聞が週末に刊行している「朝日新聞グローブ」108号に「中華世界」の特集が組まれた。そこでは、シンガポール華人の中国留学の増加、台湾や香港から見た中国、タイの華人企業の発展と中国企業との合弁、中華系移民出身のデザイナーの文化観、イスラーム系民族（回族、ウイグル族など）とイスラーム世界とのつなが

り、共産党政権による「中華民族の聖地」の創造といった内容が紹介されていた。その編集後記に次の文章が書かれていた。

　　中国は、欧州各国のような伝統的な「国民国家」の枠組みには収まりません。それでいて、中華というアイデンティティーにこだわる点では、自由や民主主義といった自らの価値を広めようとする普遍的志向を持つ米国とも違います。グローバル化した現代中国を理解するには、どうやら新しいパラダイムが必要なようです。（編集長・三浦俊章）

　これは「中華世界」の再考に示唆を与えてくれる。だが、これはあくまでも中国目線からの考察であり、中華世界を形成する人々の立場に立てば、中国がこだわる「中華というアイデンティティ」を当事者がどのようにとらえているのかという点については注意が必要である。
　「朝日新聞グローブ」108号の中で、「中華世界」の教育の交流が取り上げられている。シンガポール華人の若い世代の中国留学が増加しつつあることが紹介されており、「中国経済の隆盛が、華人の若者に実利を通じて『祖国』への求心力をもたらす」と解説されている。しかし実際に中国へ来た当事者は、どのように考えているのだろうか。筆者は以前、マレーシア華人の中国留学について調査し、当事者に動機などについて聞き取りを行ったことがある。彼／彼女らは、それまでマレーシアの華語学校で学び、家庭で両親と中国の地方方言を話し、中国の暦で生活を送ってきた。そうした「華語世界」から、「普通話世界」へ移動し、華人の若者は「中心」と出合うことによって、「中華というアイデンティティ」を意識したり留学先の中国人とそれを共有したりするよりも、文化的・心理的境界を感じ、むしろヴァナキュラーな華語による同胞意識が芽生えていた。確かに経済的側面では、「祖国」は「求心力」となっているが、文化的側面では「祖国」から乖離しようとするベクトルが働いているのである（奈倉編2018：270-302）。
　そもそも海外に住む中華系の人々にとっては、当初、方言集団が所属意識

の対象であり、一つの「華僑」「華人」グループという意識はなかった。マレーシアの華語教育の変遷に精通する教育学者の杉村美紀によると、19世紀の華語教育は、「五福書院」（1819年開校）や私塾、会館や公所で行われた。これらの場所は、地縁、血縁、業縁によって組織されたところで、出身地方の方言（広東語、潮州語、閩南語など）が教えられていた。20世紀に入り、口語の北京官話（白話）の拡張運動が輸入されると、多くの華語学校が方言から華語に転換された。加えて、華語学校を拠点とした華僑の民族主義運動が高まるにつれて、方言集団の境界を越えて、中華意識というものが芽生えていった（杉村2000）。しかし、その後、マレーシアの中で中華系の人々が一つの「華僑」「華人」としてまとまっていったかといえばそうではない。中華系の人々の中には、華語教育ではなく、マレー語教育や英語教育を選択する人もいる。言語はその人の集団意識や世界観と密接な関係にあることを考えると、中華系の人々が一元的な「中華アイデンティティ」を共有するようになるとは考えにくい。また、華語教育を選んだ子どもたちが中国へ留学できるようになったのは90年代以降のことで、それまでは台湾の教材を使用し、卒業後に台湾へ留学するケースが多かったことや、香港の大衆文化が輸入されていたことから、「中華」といえば台湾や香港がイメージされてきたと考えられる（奈倉2017）。

つづけて、欧州へ目をむけてみると、「チャイニーズネス」（Chineseness、「中国人性」「華人性」）を放棄しようとする事例も報告されている。中国の社会学者、呂雲芳は、オランダで生まれ育った華人二世の若者の仏教徒の信仰に関する調査研究を行った。呂の調査によると、オランダ華人二世は、エスニック・グループ的特徴を持った中国仏教を伝承するよりも、仏教という世界的な宗教の中での漢伝仏教を選択し、日本の禅宗、チベット仏教、南伝（上座部）仏教などの宗派の教徒とともに、オランダにおける仏教大家族の一員に加わろうとしているという。エスニック・グループ的伝統や宗教信仰が混在した信仰システムを受動的に受け入れるのではなく、エスニック・グループというレッテルを全力で剥がし、この信仰に、グローバル時代の現代

的意味を与えようとしているのである。彼／彼女らにとって、仏教を選択することは、中国文化を同定し、選択することとイコールではない。むしろ、西洋の現代文化的アイデンティティを求めている。彼／彼女らの宗教的アイデンティティは、中国文化的アイデンティティをはるかに上回っているのである（呂2018）。このように中華系の人々の中で、文化、民族、自己認識、場所が互いに乖離していく現象が起きているのである。

　今一度「朝日新聞グローブ」108号の編集後記をふり返りたい。中国政府の立場から見ると、「中華というアイデンティティへのこだわり」といった場合の「中華」は、何を意味するのだろうか。筆者の帰国華僑研究に基づいて考えてみたい。都市に居住する帰国華僑が親睦を深めるために組織した帰国華僑聯誼会を2007年から調査し、中でも、福建省厦門市帰国華僑聯誼会の活動を長期に亘り参与観察してきた。そこで注目したいのは、活動場所である「帰国華僑の家」（ホテルの一フロアに所在）が、2015年より「僑胞の家」と改名されたことである。「僑胞」とは「外国に居留する同胞、特に華僑」の意味であるが、「僑胞の家」は1950年代〜70年代に帰国した帰国華僑のための場に限定されず、海外生活を経験したことのある人々（帰国華僑とその親族、海外華人、帰国留学生、来華留学生など）のプラットホーム的場として位置づけられるようになった。厦門市インドネシア帰国華僑聯誼会が年に4回刊行している会報でも、「僑友」「僑胞」「僑の力」という表現が目立ち始めた（奈倉2013）。「僑」はもともと「一時滞在」の意味であったが、現在はその意味を越えて、海外在住の人々と広く「つながる」ことを象徴する概念として使われている。ここでいう「人々」は、中華系の人々に加えてその家族、友人など現地の非中華系の人々も含まれる。すなわち、「中国」「中華」の求心力、凝集力を象徴するような「華」よりも、中華系の人々のみならず、非中華系の人々も巻き込んで「つながり」をつくっていくことを目指す「僑」に重点がシフトしていると考える。

四. 現代の「中華世界」を捉える視座

　以上、ハーディングのGreater Chinaの観点を参照しながら検討したこと
を踏まえ、本書は、歴史的、経済的視点に加え、現在そこに住む人、もしく
はそれに関わる人の顔の見える現場で行われている相互行為を実証的に考察
する社会学的視点も取り入れながら、共同幻想としてではなく実体としての
「中華世界」の輪郭を描こうとするものである。時間・空間の切り取り方に
よって「中華世界」は複数の肖像を現すであろう。とりわけ、グローバル化
を背景に、複数の地域・民族・宗教を中心として広がる越境空間としての
「中華世界」に迫りたい。

(1)「周縁」から「中華世界」を動態的な実体として捉える。

　濱下武志は香港が周辺諸地域を広域地域として相互にかつ複合的に媒介
し、結びつける機能に注目し、「海の視点、海域の視点」を以ってより広い
地域間関係に視野を拡大して、アジアのなかの香港の役割を歴史的に検討す
る意義を説いている（浜下1996）。香港が後背地をつなぐハブの役割を担って
きたように、国家を単位とするのではなく、ある特定の都市、地域、民族、
宗教が地域と地域をつなぐハブの役割を果たしていることに今こそ着眼したい。

　結束点は国民国家ではなく、ある地域であることが多い。例えば、広州や
厦門は、アラブ地域との交流の拠点になっていた。90年代には香港以外にも
台北、上海、天津、大連、重慶、といった都市も中心地となり、その後も沿
海部の義烏（浙江省）、内陸部の昆明（雲南省）、中越国境付近の憑祥、東興
（広西チワン族自治区）なども交易の拠点として広い地域間関係を作り出して
いる（奈倉2017ウェブサイト）。

　また、民族のネットワークに着目すると、玄武岩はグローバル化を背景に
「延辺」を中心に北東アジアに広がるエスニック空間について、国家とエス
ニシティの領域が重層的に重なり合いながら国民国家をまたぐ越境的な曖昧

なものがそれなりのまとまりをもとうとするローカルな試みであると述べて
いる（玄2001）。少数民族（中国朝鮮族）を中心に「中華世界」の再編成を論
じている点が斬新である。

　これらと同様の現象が「義烏」にも見られる。イスラーム系商人のネット
ワークと華商ネットワークが交差する新たな「中華世界」の側面である。陳
肖英は、このような義烏がハブとして機能する交易に着目し、そこでの商品
が新移民の華商ネットワークによってどのように各国で販売されているかに
ついて社会学的調査を行った。義烏では1980年代初めから、日用雑貨を扱う
ビジネスが盛んになり、1991年から国際市場へ参入し始め、2001年以降、さ
らに国際化が進んでいる。改革・開放以降に中国から他国へ移住した新移民
が、新しい世代の華商ネットワークを構築し、貿易活動を行い、世界各地の
移住先の市場で義烏の商品を販売している（陳2018）。陳の分析の観点に対し
て筆者が賛同しがたいのは、華商ネットワークを単体で扱い、中東、アフリ
カへとつながる他の民族ネットワークと絡み合う現象は視野に入れておら
ず、新移民の華商ネットワークは、伝統的華人ネットワークと同様に、地
縁、血縁に基づく「信頼」（信任）に基づいていると結論づけて、伝統的移
民システムの延長線にとらえていることである。華商ネットワークは海外の
中国人コミュニティと連携しながら越境的な中国人コミュニティを形成して
販売ルートを構築している点のみを主張している。しかし、中東・アフリカ
系のイスラーム系のビジネスマンを中心としても考えられるであろう。すな
わち、ハーディングの観点（3）と（4）で見たように、「より大きな経済圏
との接点」や「他のタームで形容されうる現象」への目配りをし、華商ネッ
トワークを中心にとらえるだけでなく、それを一つの参与者として義烏もし
くは同様の性格をもつ都市・地域の越境空間をとらえる必要があると考える。

（2）「文化中国」「差序格局」を相対化する。

　上述したように、Greater Chinaの語源は、「中国本土」と「属地」「藩属」
という序列を含む。加えて、儒学者、杜維明（Tu, Wei-Ming）が、Greater

Chinaを文化のレベルから見た「中国」の拡大としてとらえ、「文化中国」の概念を提唱したことも注目される。杜は、「文化中国」の特徴を次の三つにまとめている。①中国及び香港、台湾、シンガポールを含む、文化と民族を同じくする中国人の居住地。②マレーシア、タイ、インドネシア、フィリピン、オーストラリア、アメリカ等、世界各地の華人の居住国。③中国や中華民族と血縁関係や婚姻関係はないが、中国文化や中国と長期にわたって関わりをもつ学者、実業家、メディア関係者、政治家など、である（Tu 1995：13）。

　このように杜は、血縁的概念を越え、中国文化を共有する人・地域を包括して「文化中国」を定義しているのだが、中国を中心に同心円状に広がる世界とするこの考え方は、中国の著名な社会学者、費孝通が儒家思想に基づき提唱した「差序格局」の概念にも通じる。「差序格局」とは、差異と序列からなる構造である。西洋や日本の集団は、メンバーとそうでない人の境界が明確であるが、中国では、石を水に投げた時に水面に広がる波紋のように、社会関係は、己を中心に同心円的に広がるもので、その広がりがその人にとっての社会的な付き合いのサークル（中国語で「圏子」）であり、集団の分限は曖昧である。「圏子」は、己を中心として「人倫」（君臣、父子、貴賤、親疎等）の二者間の差異による序列からなり、己の社会的勢力の変化によって伸縮する可変的な性質をもっている（費1998：26-28）。

　「差序格局」は流動性の低い時代の中国農村社会を対象としており、己を中心として広がる「圏子」は、地縁・血縁関係を越えるものではない。海外へ移住した華僑華人が、移住先の地でより所とした華人社団も、前述したように、地縁・血縁を紐帯として組織されたものであった。この観点から見れば、中華世界は、「差序格局」構造が中国から海外へ拡大したかたちであり、誤解を恐れずに言えば、「家族（宗族）」とも取れる。そうであるとすれば、陳肖英の華商ネットワークに対する閉鎖的な見方や、本書の補論で富沢寿勇が、中華世界とマレー世界の序列化された構造という共通性に言及していることは一定の説得力をもつ。しかし、現代の中国人の移動は、個人単位で行われるようになり、己を中心に関係を広げるという点は変わらないにせ

よ、地縁・血縁関係を越えた人々とも自由自在、臨機応変に結ばれる。そう
した個人の「圏子」では、差異による序列の関係（強い紐帯）を維持しつ
つ、複数の多様な「弱い紐帯」が結ばれており、人々は開放的である。「家
族」から解放された様々な背景をもつ個人（「己」）を中心に結ばれる社会関
係は、以前の序列化された中華世界とは異なる様相を呈していると考える。

(3) 「中華世界」を地域主義的現象ととらえない。

　本書では、「中華世界」を、グローバル化に対抗する排他的な意味をもつ
地域主義的な現象とはとらえない。高等教育のトランスナショナルな状況を
分析したロウ（William Yat Wai Lo）は、国際教育学の観点から、Greater
China（中国、台湾、香港に限定）における高等教育の結びつきによって、西
洋化に対抗するような地域的なアイデンティティが形成される可能性がある
ことを、「チャイニーズネス」の変容を分析概念として用いながら論じてい
る。そのようなアイデンティティの形成は、中国的な伝統や価値と西洋的な
それらが混在したハイブリットなチャイニーズネスの共有によってなされる
と述べている（Lo 2016）。しかしハーディングの観点（3）のところで、マ
レーシア華人の中国留学を例に言及したように、「中国的な伝統や価値」に
出合うことによってそれらと自分を切り離す方向へ動き、特定の知識の習得
と中国に対する民族アイデンティティの獲得は同一次元にはない。マレーシ
ア華人の若い世代は、グローバルな選択肢の中から、自分の目標の叶う場所
の一つとして中国を選んでいるのであり、「西洋化に対抗する」といった閉
鎖的な地域主義へとつながるものではない。むしろ、グローバル化が「中華
世界」をより開放的にしている。

　以上が本書の枠組みである。最後に読者のみなさんに本書を通じて考えて
ほしいことを述べたい。それは日本の「中華世界」への向き合い方である。
中国に対する認識は、近年、アジアの安全保障問題や中国の経済成長によっ
て高まっている。しかし、日本自身も「中華世界」と共存していることをど

れくらい自覚しているだろうか。日本に住む「中国からきた朝鮮族」のこと
をどれくらいの人が知っているだろうか。日本の100円ショップで売られて
いる商品の中に義烏産のものがあることをどれくらいの人が知っているだろ
うか。

　本書の崔晨や濱下武志の論考が示唆するのは、中国との関係で言えば、
「日中関係」という狭い枠組みで中国との関わり方を考えるに留まらず、中
国が関わる「中華世界」のネットワークに日本もしくは日本のなかのある地
域が参与することによって間接的に中国と共栄共存の関係を築ける可能性で
ある。本書が読者のみなさんの「中華世界」に対する想像の幅を広げ、日本
の国際社会との関わり方を、国民国家単位でなく間地域的空間（ネットワー
ク）で考える指針となることを願う。

【参考文献】
〔日本語文献〕
川島真『中国のフロンティア　揺れ動く境界から考える』岩波新書、2017年。
権香淑『移動する朝鮮族　エスニック・マイノリティの自己統治』（増補新版）、彩流
　　社、2019年。
玄武岩「越境する周辺　中国延辺朝鮮自治州におけるエスニック空間の再編」『現代
　　思想』2001年3月号、青土社、204〜218頁。
史書美／轡田竜蔵訳「グローバル化とマイノリティ化　李安と柔軟性の政治」『現代
　　思想』2001年3月号、青土社、93〜115頁。
杉村美紀『マレーシアの教育政策とマイノリティ　国民統合のなかの華人学校』東京
　　大学出版会、2000年。
杉本均編著『トランスナショナル高等教育の国際比較　留学概念の転換』東信堂、
　　2014年。
寺島実郎『大中華圏　ネットワーク型世界観から中国の本質に迫る』NHK出版、2012
　　年。
トルエジャ，イレネ・マスデウ「中国－スペイン間を移動する華人子孫」奈倉京子編
　　著『中国系新移民の新たな移動と経験　世代差が照射する中国と移民ネットワーク
　　の関わり』明石書店、2018年、158〜188頁。
奈倉京子編著『中国系新移民の新たな移動と経験　世代差が照射する中国と移民ネッ
　　トワークの関わり』明石書店、2018年。
奈倉京子「在アメリカ華人と中国の「ソフト・パワー」―中国の文化外交における海
　　外在住の「同胞」の媒介的作用を問う―」（李其容氏講演会）『国際関係・比較文化

研究』17（1）、2018年、79〜92頁。

奈倉京子「マレーシア華人のアイデンティティの変遷―あるマレーシア華人の家族史から―」（何啓才氏講演会）『国際関係・比較文化研究』15（2）、2017年、75〜89頁。

奈倉京子「パリに移住した中国系インドシナ難民の中国認識―非公式的な中国語教育の事例から―」『国際関係・比較文化研究』15（1）、2016年、77〜98頁。

奈倉京子「帰国華僑の「檔案」資料から見る「僑」の含意――『印聯会訊』に基づく歴史人類学的考察」『華僑華人研究』10、2013年、74〜90頁。

奈倉京子『帰国華僑　華南移民の帰還体験と文化的適応』風響社、2012年。

奈倉京子『中国系移民の故郷認識　帰還体験をフィールドワーク（京都文教大学文化人類学科ブックレット）』風響社、2011年。

浜下武志『香港　アジアのネットワーク都市』ちくま新書、1996年。

毛里和子編『現代中国の構造変動〈7〉中華世界――アイデンティティの再編』東京大学出版会、2001年。

姫田光義編『「南」からみた世界〈01〉東アジア・北東アジア――中華世界の内と外なる「南」』大月書店、1999年。

村田雄二郎「持続・変容する世界および他者との邂逅」『シリーズ20世紀中国史　1　中華世界と近代』東京大学出版会、2009年、1〜12頁。

呂雲芳「在オランダ華人二世の宗教信仰―仏教徒を例に―」奈倉京子編著『中国系新移民の新たな移動と経験　世代差が照射する中国と移民ネットワークの関わり』明石書店、2018年、189〜214頁。

陳鳳蘭「文化的相違と越境する移民グループの適応戦略――南アフリカの中国新移民グループを例に」『華僑華人歴史研究』2011年9月第3期、41〜49頁。

〔中国語文献〕

陳肖英『従義烏市場透視全球化時代的海外華商網絡』中国社会科学出版社、2018年。

費孝通『郷土中国　生育制度』北京大学出版社、1998年。

李其栄・沈鳳捷「跨国移民与東亜現代化――以中、日、韓三国為例」『社会科学』5、2010年、21〜30頁。

史書美「反離散：華語語系作為文化生産的場域」『華文文学』6、2011年、5〜14頁。

〔欧米語文献〕

Harding, H. (1993). The concept of "Greater China": Themes, variations and reservations. *The China quarterly*, 136, pp.660-686.

Hamilton, C. (2018). *Silent Invasion: China's Influence in Australia*. London: Hardie Grant Books

Lo, W. (2016). The concept of greater China in higher education: Adoptions, dynamics and implications. *Comparative education*, 52 (1), pp.26-43.

Ong, A. (1999). *Flexible citizenship: The cultural logics of transnationality*. Durham; NC: Duke University Press.

Shih, Shu-mei (2007). *Visuality and identity: Sinophone articulations across the Pacific*. （中国語版　史書美『視覚与認同　跨太平洋華語語系表述・呈現』聯経出版

　社、2013年）

Tu, Wei-Ming (1995). *The Living Tree: The Changing Meaning of Beijing Chinese Today*. Stanford Univ Pr.

〔ウェブサイト資料〕

奈倉京子「女性がつくる中越国境地帯の「市場」」静岡県立大学グローバル地域セン
　ター https://www.global-center.jp/review/column/2017/290306/

「一帯一路」と中華世界

―東南アジアを中心に―

崔　晨

はじめに

　「一帯一路」は「シルクロード経済ベルト」（一帯）と「21世紀の海上シルクロード」（一路）の省略語である。本章では「一路」（海のシルクロード）の沿線地域、東南アジアを重点的に取り上げる。歴史を振り返れば、中国は漢の時代からローマ帝国との貿易がすでに始まっている。昔の海のシルクロードでは、東南アジアは交易の拠点として栄えた地域である。ヨーロッパ、中東、アジアから商人が集まり、この地域で交易が盛んに行われた。特に15世紀、明の時代に行われた鄭和の7回にわたる西洋大遠征は、東南アジアを拠点としてアジア以外の地域でも交易が広く行われていたことを物語っている。現代社会において「一帯一路」やRCEPの進展によって東南アジアはこうした経済圏のひとつの拠点としてだけではなく、より重要な地域として重要視されている。

　東南アジアの歴史を俯瞰すると、交易時代、植民地時代が現代東南アジア社会の形成に多大な影響を与えたことは明白である。多民族多文化社会の形成、人種による経済の格差などが独立後の社会、経済の再建に大きな影響を与えている。そして、華僑華人がこの地域の経済において、インパクトのある存在となった。

　1970年代後半、中国では改革・開放政策が実施され、東南アジアの華僑華人の資本が中国の経済発展に重要な役割を果たした。中国政府もこのことを十分に認識しており、「一帯一路」特に「一路」において、華僑華人に中国と東南アジア地域の仲介者としての役割を果たしてほしいと期待していると

思われる。

　このような状況を念頭に、本章では、中国政府が提唱している「一帯一路」の沿線地域——東南アジアの重要性を取り上げ、そこでの華僑華人の役割を紹介し、華僑華人資本の現状と今後の動きについて検討するものである。さらに、今後「一帯一路」が東南アジアに及ぼす影響について考察する。

　なお、華僑と華人について補足しておく。一般的には、華僑とは中国の国籍を保持したままで外国に居住する中国人を意味し、華人とは居住国の国籍を保持する中国系の人を指す。本章では、東南アジア諸国が独立する以前の中国系企業を華僑企業と称する。独立後は多くの中国人が現地国籍を取得したため、華人企業あるいは華僑華人企業と称することとする。

一. 「一帯一路」構想の概要と東南アジア地域の重要性

(一)「一帯一路」の概要

　2013年に習近平主席がカザフスタンとインドネシアを訪問した際に提唱した「シルクロード経済ベルト」(一帯)と「21世紀の海上シルクロード」(一路)は、「シルクロード基金」やアジアインフラ投資銀行（AIIB）の創設により着実に実施されている。

　図1からわかるように、シルクロード経済ベルトは、いずれも中国を起点

図1　「一帯一路」構想路線図
出所：NNA.ASIA "「一帯一路」ルート図公表、南太平洋にも延伸 [経済]"
http://www.nna.jp/free/news/20150415cny003A.html

表1 「一帯一路」の主要プロジェクトと進捗状況

主なプロジェクトおよび進捗状況	2019年7月末現在、136カ国30の国際組織機関が「一帯一路」に関する195の協定を中国政府と締結した。 **重要プロジェクト** ①鉄道：中国―ラオス鉄道、中国―タイ鉄道、ジャカルター―バンドン高速鉄道 ②港：グワダル港（パキスタン）、ハンバントタ港（スリランカ）、ピレウス港（ギリシャ）、ハリファ港（UAE）など ③航空：126カ国・地域の政府との間で航空運輸協定を結んでいる ④エネルギー：中国―ロシア天然ガスパイプライン、中国―中央アジア天然ガスパイプライン、中国―ミャンマー原油パイプライン ⑤中欧班列（中国と欧州を結ぶ鉄道コンテナ定期輸送サービス）：中国の56都市が、欧州及び中央アジアの15カ国49都市と61の路線でつながっている。2018年に6,300本が運行され、「一帯一路」のシンボル的なプロジェクトとみなされている。 **沿線国との経済関係** 「一帯一路」沿線国との輸出入総額は2018年に1.3兆ドル、前年同期比16.3％増となり、輸出入全体の増加率を3.7ポイント上回っている。2013年〜2018年の輸出入総額は6兆ドル以上で、沿線国との貿易率は2013年の中国貿易総額の25％から2018年の27.4％となっている。 2018年までに中国は50以上の沿線国との間に相互投資協定を結び、2013〜2018年、中国企業による沿線国への直接投資額は900億ドル以上となった。プロジェクト完了による売上額も4,000億ドルを超えた。
6つの経済回廊	①中国・モンゴル・ロシア経済回廊 ②新ユーラシア・ランドブリッジ ③中国・中央アジア・西アジア経済回廊 ④中国・インドシナ半島経済回廊 ⑤中国・パキスタン経済回廊 ⑥中国・ミャンマー・バングラデシュ・インド経済回廊
国際金融機関	アジアインフラ投資銀行（AIIB）、シルクロード基金のほか、中国人民銀行は世界銀行傘下の国際金融公社、米州開発銀行、アフリカ開発銀行、欧州復興開発銀行などと多国間開発と共同融資を展開しており、2018年末時点での累計投資は100プロジェクトを超え、70以上の国と地域に広がっている。
経済戦略	①国際競争力の向上 ②中国地域格差の是正 ③人民元国際化の加速 ④外貨準備運用先の多角化 ⑤エネルギー確保の多様化 ⑥過剰生産の解消 ⑦企業の海外進出先の多様化 ⑧経済構造調整のための新たな出口

「一帯一路」の 今後の予測	今後の20年間で世界経済を毎年7兆1,000億ドル増加させる。世界のGDP（国内総生産）を4.2％押し上げる可能性。2040年までに世界の56カ国が年間100億ドル以上の経済成長を遂げると見込んでいる。
対象国との 関係強化	①政策協調　②インフラの接続　③貿易の活性化　④資金の融通　⑤人材・文化の交流

出所：「一帯一路」網など参考。今後の予測は、ロンドンのシンクタンク、経済ビジネス研究センター（CEBR）が2019年5月27日に発表したレポートを参考にした（「中国の「一帯一路」は世界経済を毎年7兆ドル増加させる―英シンクタンク」2019年6月1日レコードチャイナhttps://www.excite.co.jp/news/article/Recordchina_20190601006/）

として、①中央アジア―ロシア―欧州、②中央アジア―西アジア―ペルシャ湾―地中海、③東南アジア―南アジア―インド洋、の3つのルートから構成されている。21世紀の海上シルクロードは、いずれも中国沿海部を起点に、①南シナ海―インド洋―欧州、②南シナ海―南太平洋、の2つのルートで構成されている。CCTVによると、直接のルートは設定されていないアフリカにも影響力の波及を見込んでいるという。また、インフラ相互連結のため、6つの国際経済協力回廊（表1参照）への投資も推進されている。現段階では、道路や港、空港、発電所、パイプライン、廃棄物管理施設や電気通信などのインフラを主な投資対象としているが、今後は関係国との貿易や投資、人的な交流などをさらに深めていくとみられる。

　表1は進捗概況である。ロンドンのシンクタンク、経済ビジネス研究センター（CEBR）のレポートは、「一帯一路」の最大の影響を受けるのは、モンゴル、パキスタン、キルギス、ロシアだと記述している。CEBRのダグラス・マクウィリアムス副会長は「これは、以前はつながっていなかった場所を結び付けることによって世界の地理を再構築する変革的な経済プロジェクトだ。新しいインフラを構築するだけでなく、さらに重要なのは貿易を促進することによって世界経済を大きく後押しすることだ」と述べている。

（二）経済発展の視点からみる「一帯一路」

（1）地域格差の是正、産業構造の転換

　中国は改革・開放政策が実施されてから、東部沿岸地域と西部内陸地域との経済格差が拡大している。経済発展の不均衡を解決するため、2000年代から中国政府は経済格差の解決や産業構造の転換に関する政策を打ち出している。2008年アメリカのリーマンショックから世界に波及した世界金融危機の下で、中国も高度経済成長から中高速経済成長への転換期を迎える。それまでの輸出や投資で経済を牽引する方式から、内需拡大、第三次産業へのシフト、イノベーションによる経済成長への転換を図っている。

　西北部の甘粛、陝西、新疆といった地域は中央アジア諸国や東欧に地理的に近く、古くから陸のシルクロードと深い関わりがある。また西南部の雲南や広西チワン族自治区はベトナム、ラオス、ミャンマーといったASEAN諸国と接し、海上シルクロードでASEANとの経済関係が強化され、大きな恩恵を享受できると予測される。

　産業構造高度化は技術革新、独自のイノベーションプロセスであると同時に、労働集約型産業が淘汰または他地域に移転されるプロセスでもある。中国の改革・開放と経済発展に先導的な役割を果たした珠江デルタ地区の例をみると、加工貿易などの企業が淘汰・移転されたケースが多かった。

　このように「一帯一路」構想は、地域格差是正という国内経済問題を解決するひとつの有力な手段として期待される。

　また、世界銀行のレポート『「一帯一路」経済学―交通走廊的機遇和風険―』によると、「一帯一路」構想の実施によって関連国の760万人が絶対貧困から脱出でき、一日3.2ドル未満の中度貧困状態の3,200万人が貧困状態から脱出できるという。世界貿易は6.2％増、沿線関係国の貿易は9.7％増となり、世界全体で2.9％の収入増加が見込まれる。中国政府のウェブサイトによると、中国国内での貧困削減やインフラ整備などの実績をもとにほかの国や地域市場での協力を一層推進していくというのも目標の一つとしている。

(2) 金融面からみる「一帯一路」

人民元の国際化は、2008年の世界金融危機を契機に加速している。「一帯一路」建設事業推進指導グループ弁公室のレポート（『「一帯一路」共同建設のイニシアチブ進展、貢献と展望』2019）によると“一帯一路”沿線20余カ国と二国間通貨スワップ協定を結び、沿線7カ国と人民元建て決済協定を結び、沿線35カ国の金融監督当局と協力文書に調印した。人民元の国際決済、投資、取引、準備通貨としての機能は着実に向上しており、人民元越境決済システム（CIPS）の業務範囲はすでに40近くの沿線国・地域をカバーしている。さらに中国・国際通貨基金（IMF）能力開発センター、「一帯一路」財政経済発展研究センターが正式に発足したという。中国の人民元国際化が確実に進展していることが確認できる。

特に資本金約12兆円で合意したAIIBの設立は、中国の影響力が大きいとはいえ、2019年末時点で77カ国・地域が加盟している。また、中国政府は独自に400億ドルのシルクロード基金を創設し、2019年6月末時点で、シルクロード基金の実際の出資額は100億ドル近くとなった。

アジア開発銀行（ADB）の中尾武彦総裁は、2015年3月25日、日本記者クラブでの会見で「ADBがAIIBに敵対するというオプションはあり得ない。条件を満たす形でAIIBが始動するならば、協調融資などで協力していく。それは日本の利益にもつながる」と話し、アジア地域の膨大なインフラニーズに対応するためAIIBと協力する姿勢を示した。AIIBは最初の融資をすでに準備しており、第一弾の融資案件には、世界銀行およびADBとの協調融資プロジェクトが含まれる。このように中国、国際金融機関はアジアのインフラ建設において、様々な形で多くの資金を拠出しているが、「一帯一路」の沿線国は60カ国余り、インフラ建設740兆円とも予測されており、まだ遠く及ばないというのが現状である。

このため、中国は積極的にファンドや銀行などを設立し、様々なルートで資金の調達を試みている。「一帯一路」戦略の成否は、資金調達がいかにスムーズにできるかや為替リスクをいかに減らせるかといったことがカギであ

り、中国の今後の経済発展に大きく左右されるといえる。中国はファンドや銀行を設立すると同時に今まで以上に人民元の国際化を積極的に推進するであろう。

(3) 米中貿易摩擦からみる「一帯一路」

　最近のトランプ政権の対中関税の引き上げやスマートフォン企業への部品の輸出制限などをみると、貿易の不均衡を解決するための手法というよりハイテク主導権の争い、特に「中国製造2025」への焦りとも読み取れる。メディアの間では、米中貿易摩擦を米中間の技術覇権争いとみる向きが強まっている。

　関税の引き上げで、外資企業、特に米国に輸出する企業が中国から撤退するケースもある。あるいは中国＋1、中国＋2、中国＋3のように生産ラインを近隣の「一路」の重鎮である東南アジア諸国に分散している。世界の製品製造のサプライチェーンの構造変化が起こっており、企業の拠点はベトナムやタイなどに集中している。

　ベトナムは、米中貿易摩擦が起こる前から「チャイナプラスワン」における中国に代わる有望な投資先として、海外企業の進出が相次いでいた。米中貿易摩擦でその動きが加速しているのである。電気・電子分野においても、中国から多数の生産移管事例が報道されている。この分野はベトナム経済の中核的産業の一つを形成しており、特に韓国携帯電話メーカーのスマートフォン輸出はベトナム全体の輸出額の約2割を占めるほどであるという。

　タイでは今回の貿易摩擦を受け、既存の蓄積（工場の生産ライン、人材など）を活用する形で生産を移管してくる企業が増えている。また、タイは歴史的に中国などのアジアやオーストラリア、中東などへの輸出基地になっており、そうした優位性を求めて生産移管してくる例もある。

　マレーシアは投資先として、賃金水準ではベトナムに劣る（マレーシアやタイの一般工賃金はベトナムの2倍程度）ものの、技術力、熟練労働力、言語（英語を話せる人も多い）などの面でアドバンテージがあり、米中貿易摩擦を

受けた生産移管の受け皿の一部になっている。中でもペナンには電気・電子メーカーが集積しており、それに関連した生産移管が進んでいる。2019年に入ってからは米国半導体企業の動きが目立っており、ペナンにおけるメモリー工場建設の大型投資などにより、マレーシアへの投資額は米国が1位（2位は中国）となっている。

米中貿易摩擦が激化する中、米国は技術関連分野においても、中国への対応策を展開している。ファーウェイと関連68社をエンティティー・リスト（EL、米国が国家安全保障や外交政策上の懸念があるとして指定した企業のリスト）に加え、事実上、ファーウェイなどは米国製品の調達ができなくなった。

中国政府は米国に応じて、ビジネス環境の改善につながる取り組みを強化している。具体的には、外国資本参入を禁止・制限する分野について定めた「外商投資ネガティブリスト（2018年版）」を改訂するなど、大幅な市場参入制限の緩和を実施した。さらに、外商投資法を制定し、強制的な技術移転を禁止する条項を設定し、技術輸出入管理条例などを改正するなどの政策を打ち出している。

ビジネス環境の改善を強化していると同時に「インターネット＋（プラス）」推進、人工知能と実体経済の融合、IT活用による農村部発展の加速、農業のIoT化による大規模農地拠点整備計画などを通じて革新を目指している。

「一帯一路」沿線は発展途上国が多いため、基礎インフラ設備や都市建設、公共事業などへの投資が多くみられ、経済成長の原動力となる石油・ガスの探鉱開発、鉄道輸送、環境保護などへの取り組みが重要となっている。同時に、今後は人工知能、ビックデータ、インターネット活用などの新しい分野への取り組みも見込まれる。

デジタルエコノミー分野ではASEAN各国において、有力企業によるM&A案件が増加している。特にタイ企業は、自国の人口減少を前提に積極的に隣国ベトナムに進出している。eコマースも徐々に立ち上がってきているが、主役は現地財閥企業と中国の2大企業アリババ、テンセントであるとKPMGジャパンの木村昌吾ディレクターが指摘している。

　図2はタイとインドネシアにおいてeコマース関連でどのようなプレーヤーが存在するかを示したものである。アリババ、テンセントといった中国のネット系企業は、SNS、eコマース、ファイナンスなどの様々なビジネスをグループ内に持ち、中国のみならずASEAN各国に事業を積極展開している。特にアリババは、2016年にASEAN各国でeコマースサイトを運営するラザダ（Lazada）を10億ドルで買収し、2017年には10億ドルの追加投資を行った。

　米中貿易摩擦によりすでに中国と東南アジア諸国との間に貿易構成の変化が起きており、中国から米国への輸出は減少したが、ASEAN諸国から米国への輸出は増加した。中国からASEAN諸国への工場移転に際し、華人企業が受け皿の一部となっている。また図2で示したように、アリババとテンセントが提携している企業のほとんどが華人企業である。このように伝統産業に限らず、技術関連分野においても中国と東南アジア企業との連携が深まる

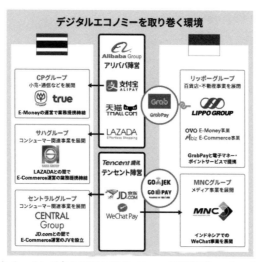

図2　タイ・インドネシアにおけるeコマース関連プレーヤーの相関図
出所：木村　昌吾「ASEAN財閥のM&A・提携戦略：日系企業が留意するポイント」
「ASEAN企業地図（第2版）」より一部抜粋
https://home.kpmg/jp/ja/home/insights/2019/03/asean-ma-20190315.html

ことが推測できる。

　さらに、世界全体の7割以上の華人が東南アジアに集中しており、実力の
ある華人企業グループもこの地域に集中している。中国と東南アジアは、海
のシルクロードの歴史において深いかかわりがあり、その歴史的背景のもと
で華人企業の東南アジアに対する影響力も大きかった。現代においても「一
帯一路」構想を進めていく中で、中国の企業だけではなく、東南アジアの華
人企業も一層活躍するであろう。

(三)「一帯一路」の重鎮——東南アジア地域の重要性

(1) 中国歴代王朝の海とのかかわり

　『中国古代航海史』によると、春秋戦国時代には、すでに左遷還流ルート
と蕃禺(現広州)から対馬を経由し、北九州に至るという二つの日本への
ルートが開拓されていた。

　『海の歴史』では、紀元前1000年、中国からインドまでの地域では、商船
がマラッカ海峡を経由して定期運航していたことを記述しており、モルッカ
諸島の香辛料クローブが主な商品であった。このような香辛料は次第にエジ
プトまで輸出されるようになり、スマトラ島のシュリーヴィジャヤ王国の港

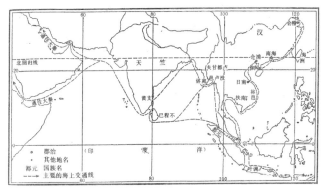

図3　両漢と三国時期のインド洋から西への航海路線図
出所：中国航海学会『中国航海史(古代航海史)』人民交通出版社、1988年、53頁

は長い間、中国と他の地域を結ぶ重要な中継地であった。

　中国の『漢書・地理志』によると、広東省の湛江徐聞県は前漢の時代から、航海活動の港として記載されている。出土文物の調査により、前漢の時代から徐聞は航海活動の拠点として繁栄し、海上シルクロードの始発港の一つであることがわかった。漢の時代、中国の船は南シナ海、インド洋を通行し、現在のスリランカまで到達した。外国の商船も交趾（現在のベトナム北部を含む）などの沿海地域を往来していたという。当時のもう一つの海上ルートは山東沿岸から黄海を経由して朝鮮、日本に至るルートであった。

　図3のルートでは、徐聞から都元国（現インドネシアのスマトラ島の北東、または西マレーシアにあったと思われる）、邑盧没国（現ミャンマーの勃固地域）を経由し、諶離国（ミャンマー、イラワジ川の海岸地域）に到着、そこから徒歩で夫甘都盧国（ミャンマーのイラワジ川の中流域の蛇行に近いと思われる）に向かう。夫甘都盧国から船で黄支国（インドのマドラスの南西にあるカンチプラムの近くと思われる）、黄支国から船で終点の已程不国（現在のスリランカ）に向かう。

　当時の已程不国はローマと漢を結ぶ交易港として栄えた地域であった。ローマ商人は宝石や紅海の珍珠を、中国商人はシルクなどを交易したという。当時、中国商人はインドのコロマンデル海岸とスリランカに貨物倉庫を建て、エジプトからの船舶とも交易した。

　後漢の中期、ローマへの海のルートは二つあった。一つは永昌郡（現雲南大理および哀牢山の西地域）から撣国（現ミャンマー）へのルートである。撣国を中継地として、撣国、天竺（インド）、大秦（当時のローマ）などの国と交易を行っていた。もう一つのルートは前漢に開拓された徐聞からのルートである。ローマの商人や使節はこのルートで中国にやってきたのである。このルートは前漢開拓の基礎の上、インド、スリランカの中継港を通して、東西の航路が直接つながった。166年のローマ使節はこの海路で中国と直接、連絡が取れたという。

　『海の歴史』によると、紀元前1世紀、中国の商人は自分たちの貴重な商品を海上輸送した。というのは船は陸路のキャラバンよりも安全性が高く、

大量の商品を輸送できたからである。宝石やサイの角、象牙、希少な木材、銅、銀、鉄などのアフリカ製品が、海上運送によってインドと中国にもたらされた。

　魏晋南北朝期は、インドの仏教が急発展を遂げた時期でもあり、航海活動によって、貿易と仏教の伝播は同時に行われた。当時のインドと中国の仏教徒は商船で相互に往来していた。東晋の有名な僧侶である法顕は399年に陸のシルクロードでインドに向かったが、409年に商船でスリランカに行って2年間滞在したあと、スマトラ島で5カ月滞在し、悪天候の影響で70日間を経て、やっと永広郡牢山（現青島の崂山）に着いた。法顕の『仏国記』はインド、スリランカおよびインドネシアについて記述した初めての書籍である。帰りの海のルートや季節風の規則、運行のスピードなどを幅広く記述していた。

　漢および魏晋南北朝の時代に官営の造船所はすでに設置されていた。今の福建省、浙江省にも造船所が作られた。当時の船体は少なくとも上下四階建ての規模で、造船数もまた船の種類も多く、中国の造船業の発展及び海のシルクロードの開拓の基礎を築いた。

　天文や気象に関する知識は航海技術と深くかかわっている。漢代において天文や気象に関する専門書籍は136巻以上が存在した。海上交通の発展に必要な技術条件を提供し、航海事業向上の基礎を築いた。

　唐宋以前の時代からインド洋海域において海上交易が盛んに行われてきた。南シナ海の海路を通じて、主に東南アジアの物産がもたらされていた。8世紀以降、アラブ系やペルシャ系のムスリム海上商人が中国南部の港へ頻繁に来航するようになり、東シナ海・南シナ海、インド洋を結ぶ海上交易が活況を呈した。

　762年にアッバース王朝の都を報達城（現バグダッド）にしてから、報達城は国際港口として発展してきた。シルクや磁器などを載せている中国の船舶がそこに泊まり、中国商品の市場も設けられていた。インドやマレー半島からは香辛料や、鉱産物、染料、中央アジアからは赤い宝石、青い金石など、

アフリカの東部からは象牙や金粉がこの都市に集まっていた。

　当時、中国の広州、泉州、揚州などの地域はアラブ商人の貨物の集散地となっており、長期滞在する者も多かった。7〜9世紀にかけて、特に広州港においてアラブ商人の勢力が強まり、広州の外国人人口が20万人ほどになった時期もある。広州にいたのは主にアラブ、ペルシャ、南アジア、東南アジアの商人で、彼らは中国の南部、日本、スマトラ島、ジャワ島、フィリピンとの貿易を発展させたという。

　唐に続き宋の時代も貿易を奨励し、11〜12世紀に江南沿海部での海上交易は飛躍的な発展を遂げた。11世紀以降、広州や泉州にはムスリム海商が住み着き、「番坊」と呼ばれる居留地が形成された。宋の政府は広州、泉州、明州（今の寧波）などを開港場に指定し、市舶司と呼ばれる役所（現代の税関にあたる）を設置し、海商の出入国管理や輸入品の検査と買い上げ、徴税などの業務を行い、大きな収益を上げたとみられる。

　輸入されたのは香薬、サイの角、象牙、真珠、珊瑚などで、代金は金銀や銅銭で支払われ、絹織物や陶磁器が輸出された。とくに銅銭の大量流出は宋政府の頭痛の種であった。

　造船航海技術が飛躍的に進歩した背景には新たな海路の開拓があった。貿

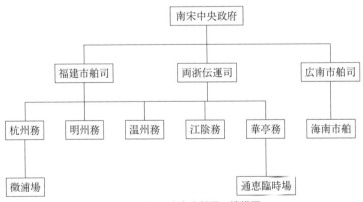

図4　南宋市舶司の機構図

出所：広東海上絲綢之路博物館　「海絲鈎沈」簡述宋代"海関"
https://www.msrmuseum.com/News/Detailed/418

易が数量的にも種類的にも今までになく豊富であった。宋の地理学者趙汝适の『諸蕃志』によると、宋の海上貿易は東南アジア、インド洋沿岸、西アジア、北アフリカまで幅広く及んでいたという。

　宋の最大の港は上海の南にある明州であった。明州を拠点として、韓国、インド洋地域などとの貿易が栄えた。広州は主にインドネシアの王国などと貿易したという。宋代に初の本格的な海軍が組織され、その司令部は広州に設置されという。7世紀にスマトラ島に興った港市国家シュリーヴィジャヤ王国の首都パレンバンがインドと中国を結ぶ航路の中継地であった。

　海上貿易は、元代になってからも盛んであった。東シナ海、南シナ海、インド洋、地中海をつなぐ交流が活発化し、中国北部・東南アジア島嶼部・朝鮮半島・日本列島などとの航路を主軸に、空前の活況を呈した。泉州などの主要な港町に市舶司を置く以外に、オルトク（一種の会社にあたる商人組織）貿易を管理する行泉府司を杭州に置いたこともあった。南宋以来の拠点都市は元代も基本的に繁栄を続けた。中でも杭州は世界各地から物産が集まり、100万人を超える元代最大の都市となった。

　明代になると、現物主義と金銀の使用を禁止するため、民間の貿易を禁止し国が管理する「海禁政策」をとり、朝貢貿易の拡大を目指した。1405年、永楽帝の命により鄭和に率いられた27,000人の大艦隊が旅立った。鄭和は以後28年間7回に及ぶ大航海を行い、その航海距離は10万海里に及んだという。その遠征先は東南アジア地域だけではなく、インド、インド洋を越えてカリカット、ベンガル、アラビア半島のアデン、ジェッダ、さらにアフリカ東部のマリンディにまで及んだ。これは当時すでにアジア域内交易が広く行われていたことを物語っている。

(2) 欧米植民地以前の東南アジア

　1500～1800年にかけての交易について、Ａ・Ｇ・フランクは『リオリエント』の中で、世界の中心はヨーロッパではなく、アジアであると主張している。彼は「世界経済は、少なくとも3世紀の間にわたって、1800年頃に至る

まで、アジア人によって支配され続けていた」といい、さらに「この世界市場およびそれを通じた貨幣の流れによって、産業部門ごと、および産業部門間の分業、そして地域的分業が可能となり、競争が発生し、それがまた地球全体に広がって、相互結合をすすめていったのである」と説明している。その根拠として、チポラ（Cipolla）の著書を引用して、「東インドの織物とヨーロッパの織物のような相互に代替可能な諸産品間や、例えばジャヴァやベンガルの砂糖、マデイラやサン・ドメの砂糖およびブラジルや西インドの砂糖のような…産品の間に…競争は存在した。中国、ペルシアおよびイタリアの絹、日本、ハンガリー、スウェーデンおよび西インドの銅、アジア、アフリカおよびアメリカの香辛料、モカ、ジャヴァおよび西インドのコーヒー、これらの全ては競争していたのである」と述べている。

　フランクの主張には無論反論もあるものの、19世紀までにアジアにおける交易圏はすでに形成されていたことは多くの学者たちの共通認識となっている。杉山伸也は「「大航海時代」以前のアジアでは、すでに内陸や海上ルートを通じて広範な域内交易がおこなわれ、広域経済ネットワークが構築されていた」とみている。主な貿易圏は、「アラビア海とベンガル湾をふくむインド洋を中心とする南アジアと西アジアをカバーする貿易圏と、南シナ海・ジャワ海と東シナ海を中心とする東南アジアと東アジアにわたるふたつの貿易圏から構成されていた」。「アジア域内交易では、インドのマラバール海岸のコショウ、グジャラートやコロマンデル海岸の綿織物、ベンガルの綿織物や生糸、モルッカ諸島やバンダ諸島の丁字（グローブ）・肉豆蔲（ナツメグ・メイス）などの香辛料、中国の生糸・絹織物や景徳鎮などの陶磁器、日本銀のほか、米、白檀、樟脳、工芸品、貴金属、薬種、蠟、藍、鉄製品など多種多様な産物が取引された」。このように、この時期の「アジア域内ではすでに自己完結的で自立した経済圏が成立」している。さらに杉山は「アジアの科学や技術の水準はたかく、ルネサンスでさえ、イスラームからの数学や物理など自然科学知識や中国からの造船技術や航海法・羅針盤、火薬、印刷などアジアの知的資産のうえに開花したもので、その延長線上にヨーロッパに

おける科学技術や産業技術の発展が可能となり、工業化への基盤が形成されることになった。その意味でヨーロッパにおける経済成長は、アジアを滋養としてはじめて可能となった」と説明している。

　東南アジアは東西の交易中継センターの機能を発揮しながら、域内でも交易は盛んに行われていた。各地の港湾都市の栄枯盛衰によって、発展の中心も移り変わった。インドシナ半島の扶南（現カンボジアからベトナム南部にかけて成立した王朝）、チャンパー、マラッカ海峡周辺の港市国家ジャーヴァカ（ザーバジュ、中国名は三仏斉）、さらに東ジャワの海港に拠点を移し、各国の船の集荷地として、取引が活発していた。陸部のアンコール、島嶼部のシュリーヴィジャヤから陸部のアユタヤ朝（現タイの中部地域）、ムラカ王国の繁栄、そしてイスラーム教が本格的に吸収され、現在のイスラーム教中心の島嶼部と仏教やヒンズー教などを中心する陸部とはっきり分かれることになった。

　14〜18世紀に繁栄した（タイの）アユタヤ朝は南シナ海とベンガル湾を結ぶ交易路の要衝であり、ベンガル湾と南シナ海を通じて集荷された東西の物産の配送センターであった。アユタヤ朝は中国人やイラン系の人、フランス人、ギリシア人などの外国の人々が多く、国政の最高責任者でさえ外国人に任せる時期もあった。

　アユタヤ朝は1767年にビルマのコンバウン朝の攻撃によって滅亡したが、長い間、繁栄し続けた港市国家であった。島嶼部では、15世紀初めマレー半島中部のマラッカ海峡付近にムラカ王国が建国され、ヨーロッパ─インド─中国を結ぶ国際貿易港として繁栄し、東南アジアのイスラーム教の伝播基地でもあった。

　植民地化される以前の東南アジア貿易の規模について、ヨーロッパに残された記録を分析したアンソニー・リードは、香辛料を主とする貿易がもたらした莫大な富によって東南アジア諸国が貿易中心社会に転換できたとみている。さらにこの地域において中継貿易額が、地域全体の交易に占めていた比重は、それほど高いものではなかった。東南アジア地域が中継交易センター

であったとはいえ、域内の貿易取引が中心を占めており、中継貿易は、あくまでこうした域内交易の活動の一部、もしくはその基礎の上に成立していたことが指摘されている。

(3)「一帯一路」と東南アジア

　東南アジア諸国は1967年にASEANを結成した。ASEANは現在（1）政治安全保障共同体（APSC）、（2）経済共同体（AEC）、（3）社会文化共同体（ASCC）、の三つの共同体を結成しようとしている。2015年末に発足したASEAN経済共同体（AEC）は、通貨統合は目指さず加盟国の主権を優先する一方、関税を撤廃し、サービスや投資の自由化などを図るとしている。さらにRCEP（東アジア地域包括的経済連携Regional Comprehensive Economic Partnership）がASEANを超えた一つの地域経済圏となる。「一帯一路」、現代版のシルクロードでは東南アジアは以前のように東西交易センターとしての役割を果たすだけではなく、地域全体として一つの経済圏としての地位がますます高まっていくと思われる。

なぜ「一路」が重視されるか

　2016年12月に発表された『中国交通運輸発展』白書において、「中国政府は、世界とのつながりに力を入れており、開放を拡大させると同時に、世界との連携を深化させ、オールラウンドで、網羅的で、多ルートの交通運輸を構築しており、対外開放や世界との連携の面で新たな構造が形成されている。中国政府は今後も、交通運輸サービスのクオリティを向上させ、経済・社会発展に一層貢献し、世界各国との交通運輸の分野における連携を引き続き強化し、チャンスを共有し、課題を共に乗り越え、共同発展、共同繁栄を実現させる」と決意を示している。

　中国の貨物運輸状況は、『中国統計年鑑2016年』のデータによると、2015年の貨物輸送量において海上輸送量が全体の51.5％を占めている。特に長距離海上輸送量は鉄道輸送量の倍以上である。さらに海外貿易貨物輸送量の

90％以上、鉄鉱石輸入の98％、原油輸入の91％、石炭輸入の92％、穀物輸入の99％は海運によるものである。

　国際鉄道輸送ルートについて、中国商務部国際貿易経済合作研究員の梅新育は、中国から欧州までの鉄道輸送ルートは海上輸送ルートと比較して、時間は3分の1短縮されるが、輸送コストは少なくとも3、4倍かかると指摘している。また、陸上輸送ルートは、沿線国の社会安定性などに大きく影響され、コストも高くなる可能性もある。海上輸送は基本的に沿岸国の社会安定性などによる影響は少ない。さらに中国はASEANにとって最大の輸出目的地であり、最大の輸入地域でもある。特にベトナムはマレーシアを超えて、ASEAN諸国において、中国の最大の貿易パートナーとなっている。

　このように「一路」（海上輸送ルート）の沿線国・地域の経済規模や市場は「一帯」（陸上輸送ルート）の沿線国・地域よりはるかに大きい。2018年の中国企業の対外直接投資の地域別割合をみると、投資先1位はアジアである。うち香港を経由して、多くの投資がASEANに向かっている。また、2014～2017年の「一帯一路」への投資総額の56％は東南アジア地域が占めている。「一帯一路」沿線国・地域において、中国からの投資が最も集中している地域である。沿線国及び地域の経済規模、経済発展のレベル、運輸ルート、コスト、効率、安全性などから総合的に考えると、東南アジア地域の重要性が増している。

（四）アフリカ・中東地域への注目

存在感を増すアフリカ

　東南アジア地域とは別にアフリカ・中東も近年注目されている地域である。中国のアフリカに対する投資金額は大きくないが、2017年、米中貿易摩擦の影響で、多くの地域への投資増加率が下がる中、アフリカへの投資増加率は71.1％となった（図5参照）。中国によるアフリカへの投資分野は鉱業、建設、エネルギーなどに集中している。アフリカに投資する企業の9割以上

は民間企業である。

独特なハブの位置——中東地域

中東地域は「5つの海と3つの州の地」という独特なハブの位置にしており、エネルギー、資源も豊富で、世界で最も急成長している活発な地域の一つである。中国の中東に対する投資の割合は大きくないが、主にアラブ首長国連邦（UAE）、サウジアラビア、イラン、トルコ、エジプトなどの国に投資しており、エネルギー資源や鉄道の建設、採石や石材加工などの分野に集中している。

2019年4月16日、上海で開かれた第2回中国・アラブ諸国改革発展フォーラムでは、中国がアラブ17カ国と「一帯一路（Belt and Road）」協力文書に調印し、12カ国と全面的戦略パートナーシップまたは戦略パートナーシップを樹立したことが明らかにされた。

中国の原油輸入国の上位4カ国はサウジアラビア、ロシア、アンゴラ、イランで、うち2カ国が中東の国である。中国はサウジアラビアにとって重要な原油輸出国であり、第2位の貿易パートナーでもある。サウジアラビアにある中国の企業数は160社以上、主に鉄道の建設、不動産、港、電力、情報通信業などに集中している。また、UAEはアラブ世界において、中国の最大の輸出市場である。

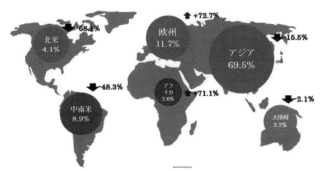

図5　中国対外直接投資フローの地域別割合（2017年）
出所：「中国対外直接投資発展報告」2018年のデータにより作成

今後は中国の貿易や投資において、この地域の存在感はさらに高まってい
くであろう。

　以上、いくつかの視点から「一帯一路」構想を確認してきた。特に「一
路」において、歴史を振り返ると、いくつかの王朝では、海との関わりによ
り国内経済が栄え、国際交流が盛んになった時期もあったが、他方で、朝貢
貿易や財政難で国が疲弊した時期もあった。東南アジアは昔からシルクロー
ドの重鎮である。東南アジアには、植民地化される前にいくつかの港口国家
が存在し、東西の交易センターとしての役割を果たし、東南アジア域内の貿
易も盛んに行われていた。19世紀までにアジアにおける交易圏がすでに形成
され、中国は東南アジア交易品の重要な輸出国であった。

　ASEAN共同体を目指している現代の東南アジアにとって、「一帯一路」
構想の「一路」は、昔と変わりなく重要なルートである。現代の東南アジア
諸国の中国との付き合い方の相違点は、国家単位で中国に対応するのみなら
ず、ASEANという組織として対応していることだといえる。中国が「一
路」において東南アジアを重点地域と位置づけるのは、地理的要因に加え
て、華人の人的資源も大きなメリットとなるからであろう。

　また、エネルギー、資源も豊富で、世界で急成長している活発な地域であ
るアフリカ及び中東地域は、「一路」において、中国、他の国や地域との貿
易や投資が拡大していくことで、今後、この地域のプレゼンスは拡大してい
くであろう。

二.「一帯一路」と東南アジア華僑華人資本

（一）華僑華人と海とのかかわり

(1)「華人の世紀」
　アンソニー・リードは15世紀半ばから17世紀後半までは東南アジアの「交

易の時代」、「国家形成の時代」と呼び、1740〜1840年を「華人の世紀」と呼んでいる。

　15世紀に鄭和が7回の大遠征を行った際、マラッカが毎回前進基地として利用され、マラッカや南西インドのカリカットといった一連の貿易港に居留地を築いた。1421年は鄭和が第6回遠征を行った年であるが、当時のインド洋全域の貿易は中国と、エジプトやペルシャ湾岸諸国のアラブ人に独占されていた。「東南アジアの多島海全域の交易はマラッカに集中しており、中国が支配していた」と『1421　中国が新大陸を発見した年』でギャヴィン・メンジーズは記述している。「マラッカを訪れるあらゆる国々の人間―ベンガル人、グジャラー人、パールシー人、アラブ人など、84の言語を話す者たち―が中国の品物を故国に持ち帰った。香料諸島のテルナテ、ティドールといった島から香料を積んできた船は、中国の磁器を手に入れてもどっていった。アラブのダウ船はたっぷりの絹にくわえて、マラッカとジャワのバティックや錫を積み、北西のインド、ペルシャ湾、エジプト、ヴェネツィアへ向かった。中国のジャンク船は積荷の絹と磁器を降ろしたあと、香料やインドの宝石、ヴェネツィア製のガラス器で船倉を満たした」と表現している。

　マラッカの華僑たちはマラッカ王国の貿易において、重要な役割を担っていた。たとえば、華僑居住区のリーダーは港業務の港長（shahbandar）に任命され、華僑や外国商人の商務活動の管理などの仕事を行った。

　需要の極めて高い香料を求めて、欧州商人がアジアにも進出し始めたが（1511年ポルトガルのマラッカ占領、1571年スペインのマニラ占領、1600年英国東インド会社設立、1602年オランダ東インド会社設立）、17世紀末には、彼らの経済的関心はインド洋交易から南シナ海交易に移行した。18世紀、19世紀には、中国商人による南シナ海交易が繁栄し、華僑が東南アジア全域で活発に経済活動を展開した。

(2)　16世紀〜19世紀初頭の国際分業と技術移転における華僑の役割

　16世紀から19世紀の間に貿易の繁栄によって、東・東南アジア地域諸国の

手工業や農産物の増産が促進された。東・東南アジア域内において、中国製品は輸出品から現地生産品になり、国際分業も形成されるに至った。現地生産を可能にしたのは中国からの生産技術の移転であるとクリスチャン・ダニエルスが指摘している。ダニエルスは日本の例とシャム（タイ）の例を取り上げ、技術移転先の政治・社会・経済的条件によって異なる役割を果たしたと説明している。「17世紀後期以降海外貿易の総額を厳格に制限した日本の徳川幕府にとっては、製糖技術の移転は輸入代替の「国産化」の基礎条件の一つであった。これに対して17、18世紀のジャワや19世紀のシャムなどでは、製糖技術の移転は国内で消費するためではなく、海外市場に輸出する目的で行われたと言える。現地の支配者のみならず、ヨーロッパの植民地統治者にとっても、中国からの生産技術移転及び普及は、産業が成長し、経済・財政が安定する上で大いに役立ったのである。シャムでは、17世紀以降中国移民が自国の技術によって行う造船業や、19世紀前半の製糖業、胡椒、タバコ栽培などに対して専売制度を敷くことによって王富の増大をはかったし、ジャワではオランダ東インド会社が17世紀から購入するようになった砂糖も、シャム同様、中国移民によって生産されていた」とダニエルスは述べている（浜下、川勝2001：71）。

　16世紀以降の技術移転の担い手であった中国の技術者・技能者がアジア域内諸国への渡航を促進した要因について、朝貢貿易も一役買っていたとダニエルスは分析している。アジア諸国は中国と朝貢関係を結び、貿易に従事するために航海、通訳、公文書作成、造船などの技術・技能を必要としていたが、多くの国々では中国移民によってもたらされたのである。たとえば、琉球王国は14世紀から王国が終焉する明治12（1879）年まで、中国を中心として時期によっては東南アジアにも及んだ対外交易の業務を福建から移住してきた中国移民の技術者・技能者集団、いわゆる「閩人三十六姓」とその末裔に依存していた。中国移民の技術者・技能集団の琉球渡航は、14世紀末琉球側の要求により中国の皇帝が朝貢貿易業務を遂行するため下賜したものである。またシャムでは1652年にアユタヤ朝が中国と朝貢貿易を開始してから19

世紀まで、貿易業務はすべて中国人に委託していた。これらの例から域内の諸国が中国と朝貢貿易を開始する際には、中国移民の技術・技能的支援が不可欠であったことが窺い知れる。したがって中国移民は貿易活動で発揮する商才のみならず、移住先の国が域内貿易に参入できる技術・技能の提供者でもあったとクリスチャン・ダニエルスは説明している（浜下、川勝2001：77）。

しかし、中国の生産技術は、その後の欧米の東南アジア植民地における大規模プランテーションの増産要求に応える術を持たなかった。主流から遅れた要因は、輸出産業に必要な技術・技能は中国移民によって独占されていたため、現地人が自ら技術の向上や革新を行う試練を経験しなかったからだと指摘している。近代ヨーロッパの生産技術が中国のそれに取って代わった際、東南アジアや中国では、自ら率先して新しい技術獲得に努める技術者・経営者層が欠けていたと思われる。

このように東南アジアでは、特に海上シルクロードにおいて、華僑企業は商業活動を活発に行っており、国際分業において、技術的な役割も担っていた時期もあった。また、華僑華人の商業活動による資本の蓄積があったからこそ、東南アジア諸国の独立後、華人企業グループの形成が促進されたと考えられる。独立後の華人企業グループは商業分野に強みを持っている。しかし、技術獲得に努める技術者・経営者層が欠けていたことや東南アジア諸国の政策があいまって、製造業はいまだに華人企業グループにとって弱い分野であり、技術力もけっして高いとはいえないのである。

(二) 現代東南アジア華人資本の概況

(1) 華人グループの形成

欧米植民地時期は、タイ以外の東南アジア地域が欧米の植民地の支配下に置かれ、労働力としての中国系やインド系の移民が増えた。華僑は主に現地国流通・小売業に就いていた。華僑の一部が貿易を行い、プランテーションを経営し、税金の請負人として、一部商品の専売権を手に入れ、初期資本が

形成された経緯がある。その時期に少数ではあるが、華僑企業グループが形成された。

　戦後、東南アジア諸国は現代国家の誕生、国民の統合と分離独立を経て、開発主義国家、民主主義国家への転換、経済開発と発展、ASEANの結成、ASEAN経済共同体の形成に至るまで、実に複雑な道のりをたどり、平坦ではなかったといえよう。この間にアジア通貨危機を乗り越え、ASEAN域内にとどまらない広範囲な地域統合RCEPの交渉が進められている。

　居住する国の政治・経済状況によって、企業の発展のプロセスや進出分野が異なるものの、基本的には、華僑に対する戦後の経済的抑制、政治的排除などのプロセスがあったが、国籍問題の解決により、華僑から華人となり、華僑資本は華人資本に変わり、現地国の民間資本となった。国の政策によって華人が様々な分野へ進出することが可能になり、一部の企業グループが形成された。1970年代、80年代には、日本企業の東南アジア投資ブームがきっかけとなり、日本企業との合弁や提携が進み、華人企業がさらに発展した。1980年代以降、香港やシンガポールを拠点とする華人企業の海外進出が多くなった。特に中国への投資は殆どの華人企業グループが行っている。

(2) 華人資本の現状

　華人資本が現地国の経済において、どのぐらいのプレゼンスを占めているのか。この問題について、昔から様々な推測はあるが、はっきりとした統計がない。岩崎育夫は90年代に現地上場する企業を分析し、華人企業の占める割合は約3割としている。また、近年フォーブス誌が様々なテーマでランキングを公表しており、世界長者番付も毎年発表されている。

　2019年の長者番付を分析すると、ある程度東南アジア華人富豪像が浮かび上がる。以下の表2は2019年東南アジアの富豪番付から分析したものである。

　ランキングされた主要5カ国の華人富豪たちの資産総額は主要5カ国のGDP総額の平均12%を占めていることが分かる。

　インドネシアの華僑華人人口は図6のように東南アジアにおいて最も多い

表2　東南アジア華人長者番付表（2019年）

国籍	長者人数	うち華人長者数	華人長者の資産総額（億ドル）	名目GDP（億ドル）	GDPに占める華人資産の割合
シンガポール	22	20	668	3,611.1	18.50%
インドネシア	21	14	605	10,224.5	5.90%
タイ	31	12	603	4,872.4	12.40%
マレーシア	13	10	513	3,454.5	14.90%
フィリピン	17	12	337	3,308.5	10.20%

出所：「フォーブス」2019年　世界富豪ランキング（2018年）中国語サイトのデータにより分析、算出

　が、インドネシアの人口が多いため、全人口に占める割合は高くない。華人人口の割合が最も高い国はシンガポールで、7割以上である。

　また、ランキングされた東南アジア華人の事業について、図7に示した。

　2019年のフォーブスの発表では、資産が10億ドルを超える華人富豪（大陸・香港・台湾・東南アジアを含む世界にいる華人企業のトップ企業家）は411名にのぼり、半数以上は中国大陸の企業である。

　図7は、フォーブスにランキングされた華人富豪の企業データから筆者が分析した業種分布状況である。東南アジアの華人企業の事業分野は不動産、金融・保険、卸売・小売、投資などの商業分野が多いことがわかる。

　表3は東南アジア華人長者トップ10を示したものであるが、東南アジアにおいて、有力華人企業はタイ、シンガポール、インドネシア、マレーシア、フィリピンに集中している。

　東南アジアの華人企業の多くは1970年代から、特に80年代以降、香港やシンガポールを拠点として、海外への投資を盛んに行っている。近年は世界的にM&A（合弁・買収）によって海外進出するケースが増えているが、華人企業もその例にもれない。

　China-ASEAN Mobile Internet Industry Alliance（CAMIA）の2017年11月14日付けの記事によると、2017年の第1四半期から第3四半期において、ASEAN主要国企業によるM&Aは535億ドルに達した。東南アジア華人が所

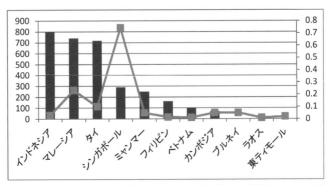

図6　東南アジアにおける華僑華人の人口及び比率（単位：万人　％）
出所：『"一帯一路"相関地区国家僑情観察』2018年、『搭橋引路：華僑華人与"一帯一路"』
2016年などのデータから作成

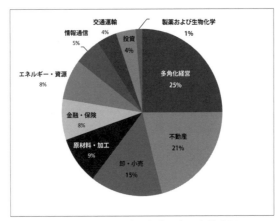

図7　東南アジア華人企業の主な事業分野
出所：「フォーブス」2019年のデータにより作成

有・経営する企業の案件が目立ち、勢いを増している。

　シンガポールは政府系企業が対外直接投資を牽引しているのに対し、インドネシアやマレーシア、タイなどは民間企業、特にタイにおいて華人企業が牽引している場合が多い。

　さらにCAMIAの記事によると、2017年の第3四半期だけで、ASEAN地

域の企業によるM&Aは97件、投資額は267億ドルに達し、2016年の同期比で81.8％増となった。2017年の5大M&Aの案件うち、3件が第3四半期に集中しており、2017年第1〜第3四半期に成立したM&Aのトップ3はシンガポール企業によるものであった。次にM&Aによる投資金額が多いのはインドネシアの企業であった。マレーシアでの2017年第1〜第3四半期におけるM&Aは55件、112億ドルで、東南アジア企業のM&A総額の20.9％を占めている。同時期にASEANからの対域外M&Aは105件で投資額は113億ドル、

表3　東南アジア華人長者トップ10

名前	保有資産額（億ドル）	進出分野	国籍	企業名
黄恵忠 R. Budi artono	186	銀行、タバコなど	インドネシア	ジャルムグループ
黄恵祥 Michael artono	185	銀行、タバコなど	インドネシア	ジャルムグループ
謝国民 Dhanin Chearavanont	152	アグリビジネス、通信、小売など	タイ	CPグループ
蘇旭明 Charoen Sirivadhanabhakdi	145	飲料、不動産など	タイ	タイ・ビバレッジ社 TCCグループ
郭鶴年 Robert Kuok	128	海運、不動産、ホテル、パーム油など	マレーシア	クオックグループ
黄志祥＆黄志達 Robert & Philip Ng	120	不動産など	シンガポール	Sinoグループ
郭令灿 Quek Leng Chan	94	銀行、不動産	マレーシア	ホンリョウグループ
呉清亮 Goh Cheng Liang	72	塗料	シンガポール	ウットラムグループ
張勇 Zhang Yong	68	飲食業	シンガポール	HaiDiLao HotPot
鄭鴻標 Teh Hong Piow	67	銀行業	マレーシア	Public Bank（パブリック銀行）

出所：「フォーブス」2019年世界長者番付により作成

2016年同期比で12%増となった。

　表4は、タイの企業によるM&Aの例を示したものだが、サイアム・セメント・グループ以外、ほぼ華人企業グループである。

　また、日本経済新聞（電子版）2014年8月12日の記事によると、2014年1～6月のASEANからの対域外M&Aは194件であったが、投資額上位10件のう

表4　タイ企業によるクロスボーダーM&Aの例

年度	企業・グループ名	案件概要	金額
2013	TCCグループ	シンガポールの飲料・不動産の複合企業フレイザー・アンド・ニーブを買収	約1兆800億円
2015	TCCグループ	ドイツ系ディスカウントストアであるキャッシュ・アンド・キャリーのベトナム事業を買収	約850億円
2015	セントラル・グループ	ベトナムの大手家電量販店グエンキムを買収	約200億円
2016	セントラル・グループ	大手スーパーBIG Cのベトナム事業を仏カジノグループより買い戻し	約1,300億円
2016	TCCグループ	グループ企業を通じ、ベトナムの乳製品最大手ビナミルクの株式を追加取得	出資比率約17%（時価総額1.1兆円　2019年2月6日現在）
2016	サイアム・シティ・セメント	ホルシムよりベトナムとスリランカにおけるセメント工場を買収	約1,000億円
2016	ブンロート・ブルワリー	ベトナムの食品大手マサングループ傘下のマサンブリュワリーの株式66.7%を取得	約1,100億円
2017	サイアム・セメント・グループ	ベトナムのセメントメーカーであるベトナム・コンストラクション・マテリアルを買収	約165億円
2017	TCCグループ	ベトナムの国営ビールメーカーであるサイゴンビールを買収	約5,500億円
2018	サイアム・セメント・グループ	ペトロベトナムからロンソン石油化学コンビナートにおける同社持ち分29%を取得し、持ち分を100%化	NA（事業費は6,000億円）

出所：「ASEAN財閥のM&A・提携戦略：日系企業が留意するポイント」2019-03-12
https://home.kpmg/jp/ja/home/insights/2019/03/asean-ma-20190315.html

ち9件はシンガポール企業によるものである。しかし、資金の出所をたどると、シンガポール9社のうち3社がタイやマレーシアの華人企業グループに属していた。東南アジアの華人企業はシンガポールに設立したグループ企業からM&Aを仕掛けるケースが多い。

　たとえばシンガポールの不動産会社フレイザーズ・センターポイントは2014年6月、オーストラリアの不動産大手オーストラランド・プロパティー・グループの買収を発表した。フレイザーズ社はタイの富豪チャロン・シリワダナパクディ（蘇旭明）が率いるTCCグループの不動産投資会社だ。オーストラランド社の株式の6割弱まで買い進めた8月7日時点で、投資額は14億7,000万豪ドル（約1,400億円）になった。

　こうした東南アジアの華人マネーは今後、世界のどこに向かうのだろうか。ヒントの一つは、タイのタニン・チャラワノン（謝国民）が率いるCPグループから得られると日本経済新聞国際アジア部の黒沼勇史はいう。CPグループは2014年日本の伊藤忠商事と提携し、食料や化学品など資源分野以外の幅広い領域で包括的に共同事業を進めることで合意した。

　東南アジア華人企業グループの多くは60年代以降に形成された。これは東南アジア諸国の政策の影響もあり、70年代以降日系企業が東南アジアへ進出した際、華人企業との合弁や提携するケースが多かった。たとえば、インドネシアの華人企業アストラ・グループはトヨタ自動車の総代理権を取得し、自動車産業に参入した。その後もホンダ、富士ゼロックス、ダイハツ、小松製作所の総代理権を取得する一方、トヨタ・アストラ・モーター社といった、組立て・部品製造を請け負う日系合弁企業を次々と設立し、80年代初頭までに企業グループを形成した。また、タイ中部のアユタヤ県に位置するロジャナ工業団地は、タイ財閥ウィニットブット家と日鉄住金物産の合弁企業である。日本のユニクロや良品計画（無印良品）も東南アジア市場に進出した際に、タイやフィリピンの華人企業との提携により事業を進めている。

　東南アジア華人長者番付表で示した通り、主要5カ国の華人富豪たちの資

産総額は、主要5カ国のGDP総額の平均12％を占めており、東南アジア市場における華人企業の存在は無視できないものとなっている。植民地期以前から形成されていた華人ビジネスネットワークも時代とともに変化し、グローバル化しつつある。

　杉田俊明は「多大な市場経済影響力をもつ華人系企業がそれぞれ相違性を持ちながらも、共通性や類似性から実質的に一つの経済圏を形成し、新規市場参入企業からそのように見えるのも自然の流れである」(杉田2014：56-57)と説明し、ASEAN5（シンガポール、マレーシア、タイ、インドネシア、フィリピン）の華人ビジネスを「一つの中華圏ビジネス」と捉えている。さらにこの中華圏ビジネスの特徴は、それぞれの所在国に根付きながら、母国意識の違いからより横断的、ボーダレスにビジネスネットワークを展開する華人系企業によって形成される空間的な経済圏が併存している点だと杉田は指摘している。

　中国・香港・台湾という中華圏ビジネスとともに東南アジアの中華圏ビジネスにおいて、華人企業は日系企業にとっても共存共栄する大切なパートナーであり、世界市場、とりわけアジア市場におけるライバルでもある。

(3) 中国の経済発展と華人資本

　1970年代末、中国政府は4つの特区（深圳、珠海、アモイ、スワトウ）を設立したが、この4つの特区は香港と台湾に隣接しており、香港、台湾、東南アジア華人資本を誘致したいという中国政府の思惑があった。中国政府の思惑どおり、最初に中国に入った資本の多くは香港、台湾と東南アジアの華人資本であった。1980年代、90年代には、華人資本が中国経済に大きな役割を果たした。特にインフラ整備において華人企業の貢献が大きい。

　中国への投資は、中国企業との提携や買収などの形で事業を進めているが、故郷への投資や寄付などを通して、地方政府とのかかわりも深い。

　タイのCPグループ、インドネシアのサリムグループ、シンガポールのホンリョウグループ、マレーシアのクォックグループ、フィリピンのルシオ・

タングループなど華人企業グループの殆どが中国に進出している。東南アジアからの投資は主に上記のシンガポール、マレーシア、インドネシア、タイ、フィリピンなどからであるが、そのうち7割程度が華人資本であると推測されている。

　2000年以降、中国企業の対外投資が急増している。中国本土の企業は、国際社会進出の仲介者としての華商ネットワークの役割を認識し、積極的にそのネットワークに参加するケースが多くなっている。

　華人企業は中国企業と比べて早い段階で海外進出経験を積んでおり、国際的視点や経営ノウハウを持っている点などが強みとなっている。2001年に南京で行われた世界華商大会では、華人企業家たちが「中国企業は海外進出において国際競争環境への理解が足りないことが海外華人企業との大きいな違いだ」と語った。

　その世界華商大会におけるテーマの一つは「中国企業の海外進出におけるパートナーとの協力」であった。参加した多数の中国企業は海外進出への強い希望を表し、大会に参加した目的の一つは、海外の華商との交流を通じて海外進出への協力を求めることであるといっていた。さらに中国企業が海外進出する際には、進出国の華人ビジネス団体組織に訪問や事前調査を依頼するなど、進出国の華人ビジネス団体が仲介者としての役割を果たしている。シンガポールの中華総商会では海外からの団体の訪問やビジネス調査の依頼は、年間の半分以上が中国によるものである。インドネシアの中華総商会は、インドネシアの商業団体と連携し、中国各地の交流会や貿易博覧会などに参加し、インドネシアの特産品を紹介するほか、インドネシアへの投資環境を紹介し、中国企業のインドネシア参入を促し、多くの投資契約を結んでいる。

　中国政府も海外華僑華人の資本や資源を十分に認識しており、中国において様々な優遇政策を実施し、彼らの「資源」を最大限に活用してきたと思われる。「一帯一路」の実行においても、東南アジア沿線国の華人の「資源」を最大限に活用しようとするのは必然といえる。

(三)「一帯一路」と東南アジア華人資本

(1) 中国ビジネスにおける華人ネットワークの機能

華人ビジネス・ネットワークの動き

　香港・台湾・東南アジア華人資本による中国への初期段階での投資は、主に地縁・血縁により故郷へ投資するケースが多かった。その後、故郷から各地へと投資が拡大していく。ビジネスの拡大とともに、血縁・地縁などには限界が生じ、華商の業縁組織の方が次第に発展し拡大してきた。このようなネットワークは社会情勢や時間とともに変化し続けている。近年、情報化社会の進展に伴い、華商ネットワークにおいていままでにないグローバルかつ大規模な動きが活発化している。主な特徴としては、頻繁な大会開催、世界的にも著名な華人企業グループおよび多くの政治家からの支持、国際的なネットワークの確立と専門機構の設立である。華人の団体組織はさまざまであるが、代表的な業縁組織は「中華総商会」である。各国の中華総商会は居住国と華商、海外諸国との間の仲介的な役割を果たしている。特に近年の世界華商大会の開催やインターネットサイトの設立によって、中国とのつながりが一段と注目されつつある。

　近年、世界華人ビジネス組織によるグローバルなネットワークとして、注目されているのは世界華商大会である。世界華商大会は1991年にシンガポール中華総商会により組織されたもので、その目的の一つは世界の華人企業と商工業界にビジネスチャンスを提供し、情報を共有することであった。1991年にシンガポールで開催された第1回大会以来、2019年までに計15回の世界華商大会が行われた。2007年には第9回世界華商大会が日本の中華総商会によって神戸で開催されたことがある。2019年10月にはイギリスのロンドンで第15回世界華商大会が開催された。

　毎回の世界華商大会は世界情勢に合わせてテーマを決め、政界や各業界から影響力のあるキーパーソンが登壇する。今回のロンドンでの開催テーマは"世界新格局、華商新機遇（新たな世界構成、新たな華商の機会）"となってい

る。分科会のテーマは①百年の大変革への分析、②「一帯一路」と世界華商のチャンス、③工業4.0時代における華商のイノベーションの道、④華商のリーダー力——貢献と伝承、⑤英国への投資、欧州に目を向けよ、⑥職業をもつ女性と未来ビジネスのトレンド、⑦国際視野と教育協力、⑧健康——生物科学技術と伝統漢方、の八つであった。

華人ビジネス組織

海外における華僑華人のビジネス団体組織には、各国・地域にある中華総商会などがあるが、中国国内には、中国僑商投資企業協会、世界華人協会、世界華人中小企業協会、世界華人企業家協会、世界華商投資集団（グループ）などが存在する。特に中国僑商投資企業協会は華人企業グループの創設者や第二、第三世代の後継者が協会のトップに立っている。これらのビジネス組織は、中国政府や関連機関及び企業同士の連絡窓口として、中国でのビジネスをうまく運営することを目的としている。

●中華総商会

中華総商会は20世紀初頭、東南アジアや日本などにおいて、清朝政府の指示により設立された。当時、欧米諸国によって日本や東南アジア諸国に商業会議所が作られ、中国の上海や香港などにも英、仏、米などの商業会議公所が設立された。これらを背景に1903年、清朝政府は商部を設立し、華僑の多い国や都市にも商務総会を設立するように発令した。これを受けて日本や東南アジア諸国に相次いで中華商務総会（中華総商会の前身）が設立されたのである。その後、戦争などにより、完全に民間商業団体となり、中華総商会は事実上華人ビジネスのトップ商会となった。アジア諸国・地域において、現在最も存在感のある中華総商会は香港中華総商会、シンガポール中華総商会、タイ中華総商会である。世界華商大会の事務局はこの三つの中華総商会の持ち回りとなっている。

日本では戦前に神戸、横浜、長崎、大阪にそれぞれ中華総商会があったが、戦後、神戸中華総商会が日本の華商により再建されたのみで、他の地域

の中華総商会はなくなり、全国的な中華総商会は組織されていなかった。1999年9月になって初めて全国的な商業組織として日本中華総商会が設立された。この背景には、日本の新華僑による起業が増えたため、相互の協力や交流が必要になったという事情がある。また、日本に進出している中国系企業との相互協力や日本の経済界との交流、世界各地の華僑華人との連携などを目的として設立されたという側面もある。歴代会長をみると、初代会長である呂行雄（故人）は横浜中華街の中華料理店「万来軒」の二代目経営者で、横浜華僑総会会長を務めた経験もあった。その後任の厳浩と顔安は、いずれも代表的な「新華僑」の企業家である。そして2007年に神戸で開催された第9回世界華商大会は、日本中華総商会が主催した。当時の会長は神戸中華総商会、神戸華僑総会の会長も務めた黄耀庭であった。新旧華僑企業家たちが集う日本中華総商会の歴史は浅いが、会員数は250以上に上り、彼らの多くは80年代以降に来日した「新移民」である。

●中国僑商投資企業協会

　中国僑商投資企業協会（China Overseas Chinese Entrepreneurs Association COCEA）は中国政府の認可を得て、2008年1月に北京で設立された。華人と香港・マカオの同胞が中国本土に投資した企業、世界各地の華僑華人企業団体からなる全国的な非営利経済団体である。主管しているのは中国国務院僑務弁公室である。協会は華僑華人企業と政府との橋渡しを務め、華僑華人企業間の協力を促進、華僑華人企業の合法的な権益を維持し、経営の規範化と業界の自立を指導することが目的である。初代会長はタイＣＰグループのタニン・チャラワノン（謝国民）である。副会長はフィリピンの華人企業であるルシオ・タングループの陳永栽をはじめ、インドネシア華人企業の林文華鏡、香港などの華人企業グループの企業家たちである。中国僑商投資企業協会は設立からの3年間、華僑華人企業の要求を積極的に反映させ、結集力と影響力を強化しており、中国政府と華僑華人企業とをつなぐ重要な掛け橋となり、企業間の連携と協力を促すプラットホームとなっている。2011年6月に第2回代表大会が北京で開催され、新しい理事会と監事会を選出した。謝

国民が引き続き会長を務めることとなり、「今回の会議は、中国僑商会の発展における新たなスタートであり、これからもより多くの有名な華僑華人企業が加盟するよう積極的に働きかけ、内外の華僑華人企業団体との連携を強化し、中国僑商会を世界の華僑華人企業団体の『トップ』にしていきたい」と語った。

　中国僑商投資企業協会は第12回世界華商大会の誘致に成功し、2013年に中国四川省で世界華商大会が開催されることになった。2011年シンガポールで開催された第11回世界華商大会の閉幕式には、中国僑商投資企業協会の謝国民会長と四川省成都市政府の王忠林副市長が出席し、シンガポール中華総商会張松声会長から世界華商大会の旗を引き継いだ。2013年第12回世界華商大会の主催者は中国僑商投資企業協会と四川省成都市であるが、中国工商業聯合会、中国国際貿易促進会、中国国務院僑務弁公室、四川省政府などが後援機関となった。

　近年中国政府や企業が積極的に世界華商大会活動へ参入しており、団体組織を通した華人のグローバルなネットワークが中国大陸まで広がっている。両者は、このようなネットワークを通じ、より良いビジネスチャンスを求めて、言語、文化を基礎とし、国際的な協力を求め合っている。

(2) 中国企業との提携によるプロジェクトの参入

　「一帯」地域より「一路」地域に華人は多く居住している。前述したように実力のある華人企業グループはこの地域に集中している。中国企業が東南アジアに進出した際に、提携する相手の多くは華人企業である。

　2015年6月に国務院弁公室及び中国海外交流協会の主催で、北京で世界華僑華人工商大会が初めて開催された。大会には80カ国以上の華僑華人工商社団及び海外の専門協会からの代表450人が会議に出席した。李克強首相が出席し、「中国の経済建設にさらに参加するよう、中国企業の海外進出に仲介的な役割を果たすよう、『一帯一路』建設に推進するよう」などと華僑華人商工会の代表に呼びかけた。

現地国においては、華僑華人企業自身が「一帯一路」のプロジェクトに積極的に参加している。たとえば、インドネシアのサリムグループがセルビアから始め、マケドニア、ブルガリア、ルーマニアなどの「一帯一路」の沿線国に食品加工工場を設立し、投資経営を行っている。

中国企業との協力や提携

　2017年6月19日付のインドネシアのメディアによると、中国鉄鋼企業Tingshang（鼎山）グループとDelong Group社は中央スラウェシ州に総計9.8億ドルを投資し、炭素鋼製造プラントを建設する計画を立てた。インドネシア工業省の声明では、両社とMorowali工業団地を管理するPT Morowali Industril Park社が、年3.5Mtの炭素鋼生産能力を持つプラントを建設する覚書を取り交わした。またTingshangグループ社は、Bintang Delapan（印尼本土八星集団）社と工業団地内に700MWの発電所を建設する覚書を取り交わした。今回の覚書取り交わしは、2017年5月に行われたジョコ・ウィドド大統領と習近平国家主席との二者会談での取り決めに基づくものであるという。

　ここで注目するのはインドシア側の企業であるDelong Group社とBintang Delapan社であるが、実はこの2社はともに華人企業である。また、Morowali工業を管理するPT Morowali Industril Park社は、上海のTingshangグループとBintang Delapan社が合同で設立したものである。Tingshangグループは66.25％、Bintang Delapan社は33.75％の持株となっている。

　そのほかに、中国のネット販売会社大手アリババは2015年にインドネシアの小売り業大手である華人系企業Alfa Groupと協力を始めている。また、中国のインターネットの大手であるテンセントも華人企業家が率いるインドネシアの最大メディア企業との協力を始めている。

　タイにおいては、ピラユット首相は2017年10月10日にタイ訪問中のアリババ会長（当時）馬雲と会談し、アリババによるタイの中小企業支援の方向で一致したとの報道がある。また、ソムキット副首相と馬雲との会談後、アリ

ババとともに経済協力に関するワーキング・グループを始動させることを明らかにした。2016年11月1日、香港において、馬雲とタイ最大の多国籍企業であるCPグループ（「CP（正大）集団」）を率いる華人企業家のタニン・チャラワノン（謝国民）の二人によって、アリババとCPグループとの間に戦略的合作協議が合意されていたという。

馬雲が率いるアリババ傘下の「螞蟻金服」がCPグループ傘下の「Ascend Money」株式の20％を購入し（将来的には30％に増資の方向）、CPグループのタイ国内におけるインターネット通販ビジネスを支援する。商品の宅配は、マレーシア出身で香港に拠点を置く郭鶴年（ロバート・クオック）が率いる「嘉里（Kerry）集団」が担当するとのことである。

新潮社の会員制国際情報サイト2017年1月17日付の記事によると、樋泉克夫が「アリババ、CPグループがビジネスを確立した場合、両者は郭鶴年を介在させながら、新しいビジネスモデルを東南アジア全域に拡大させる可能性もなきにしもあらず。おそらく馬雲は、アリババが圧倒的シェアをしめる中国市場とASEAN市場とが連結されることを目論んでいるのではなかろうか」と指摘し、民間版の「一帯一路」構想だと話している。

樋泉によれば、2016年12月28日、CPグループ、アリババ、螞蟻金服の3社の実務責任者が武漢に集まり、「戦略合作」の調印式を行った。3社の共同事業として農村を基盤に農業畜産商品の開発、ネット・ビジネス、金融サービス、農業畜産技術支援、物流、商品販売、貧困支援を進めようということである。

3社提携の背後には、CPグループがタイで成功させたアグリビジネスのノウハウがあるとみるべきだろうが、3社によれば「政府＋企業＋金融＋農家」の4者一体による農村における新たなビジネスモデル創出とのことである。CPグループが技術面を、アリババが流通・販売面を、螞蟻金服が金融面を担当することになりそうだと樋泉はみている。

日本経済新聞2019年4月4日付の記事によると、今年（2019年）の4月にバンコク近郊の3空港をつなぐ官民連携（PPP）方式の高速鉄道プロジェクト

において、タイ国鉄（SRT）はタイのCPグループと中国国有企業の中国鉄建（CRCC）などからなるコンソーシアム（事業共同体）に開発を発注すると決めた。CP陣営に伊藤忠商事や日立製作所が加わるとの見方もあった。しかし、採算性が見通せず、日本企業は事業主体への参加を見送ったという。

フィリピンの通信市場を二分するPLDT（フィリピンの長距離電話）とグローブ・テレコムは現在、通信設備の約8割を中国のファーウェイから調達していると、日本経済新聞は報じている（2019年6月20日）。2019年5月24日付ビジネスワールドによると、グローブのアーネスト・クー社長は「今年は630億ペソ（約1,300億円）に上る設備投資を予定しており、大部分がファーウェイ製機器の調達」だと語った。PLDTとも関連契約を結んでいるファーウェイにとってフィリピンは、5G商用において重要な協力パートナーであることが認識される。

PLDTは華人企業で、フィリピン最大の電気通信である。一時的に国有化されたことがあったが、その後再民営化され、フィリピンの華人企業家ラモン・コファンコの息子のアントニオ・コファンコJr.がPLDTのチーフとなっている。

タイとインドネシアにおいてはeコマース関連（図2）でみたように中国の企業は華人企業グループとの提携により、積極的に東南アジア諸国に事業を展開している。また華人企業は日系企業とも事業を提携しているケースもある。

以上みたように、中国企業が海外進出する際に提携する企業は、特に東南アジアにおいて、華人企業が多い。これは華人企業とコミュニケーションが取りやすいということだけではなく、東南アジアの民営企業の多くが華人企業だからでもある。特に「一帯一路」戦略において、東南アジアの民間企業である華人企業が積極的に参入していることが窺える。

（四）「一帯一路」の問題点及び華僑華人企業への影響

(1) 投資先国の債務問題

　「一帯一路」プロジェクトの実行において、最もよく指摘されるのが投資先の債務問題である。特にアフリカにおいては、「債務のわな」に陥っている国の数について、論争があるものの、一部の国が債務危機の状況にあるのは事実である。

　世界銀行とIMFの統計によると、アフリカにおいて17カ国が債務危機状態に陥っている。米国のジョンズ・ホプキンズ大学の研究では、17カ国のうち3カ国が負債の半分以上は中国によるものであり、ほかの8カ国の負債の相手（債権国）は主にパリクラブ（22カ国）や世界金融機構などだと指摘している。

　2019年4月、25日間の日程で開かれた「一帯一路」サミットの開幕に当たり、中国の劉財政相は、中国は複数の経路を通じて「一帯一路」への融資を支援すると述べた。中国政府は「債務リスクを防止・解決」するため、「一帯一路」プロジェクトの債務の持続可能性に関する分析フレームワークを確立すると表明し、中国人民銀行（中央銀行）の総裁は投資を判断する際には、リスクを効果的にコントロールするとともに、その国の全体的な債務能力を考慮して、債務が持続可能であるようにすべきであると話している。また中国人民銀行の易綱総裁は、主要なインフラプロジェクトに関連する投資には、為替リスクを抑制するため現地通貨が使われると述べた。前回2017年のサミットで盛り込まれなかった債務に関する一文が加えられており、そうした懸念に配慮したものとみられる。

(2) 国際金融機関との協力、現秩序への挑戦へのリスクの問題

　中国銀行業協会貿易金融専門委員会研究グループは「一帯一路」構想の推進における人民元の国際化についていくつかの提言をしている。①「一帯一路」の建設プロジェクトを通じて、人民元建て決済を促進する。②人民元が

地域の「アンカー通貨」になることを目指して、その周辺諸国における影響力をさらに向上させる。③国家レベルの経済交流において、いろいろな方法で人民元の使用を増やす。

　実際に2019年9月11日に北京で開かれた中国―カザフスタン第6回企業家会議の開幕式では、カザフスタンのトカエフ大統領がアスタナ国際金融センター（AIFC）はRMB Connectメカニズムを採用すると発表した。人民元での投資を認め、AIFCではカザフスタンやヨーロッパアジア地域の企業が人民元業務決算のセンターになるという。AIFCはカザフスタンの金融特区で、カザフスタン政府が「一帯一路」構想に応じ中央アジア地域の金融拠点を構築することを目的として、2018年1月正式に発足してから、多くの国際金融機関や企業が注目している。

　また、中国が海外市場で人民元決済業務の取り扱いを認める「人民元決済銀行」に日本の三菱UFJ銀行を指定した。人民元クリアリング銀行の指定を受けたことにより、三菱UFJは人民元決済業務において、これまで以上に多様かつ安定的な人民元決済ルールの確保が実現することに加え、調達手段の多様化に伴う人民元調達の安定化を図ることが可能となると公表している。

　しかし、人民元決済の拡大などの動きは、特に国際通貨体制という視点から考えると、戦後の国際金融秩序に対抗する新しい枠組みとみられ、米国に警戒されている。中国がこの構想の実行において、既存の国際ルールとどこまで協調できるかも今後の中国経済発展に関わる問題の一つだと思われる。

　1997年のアジア通貨危機から、新興国は為替リスクなどの外的なショックに弱く、より敏感に反応しなければならない状況がある。人民元の国際化が順調に進めば、もちろんメリットがあるが、デメリットも無視できない。金融政策の自由度と有効性が低下することや国際的な資金移動の活発化により、人民元の為替相場が大きく変動すること、投機資金の流入と流失が激化することとなり、金融市場が不安定になることから通貨価値の暴落する危険性が潜んでいる。1997年、タイバーツの下落からアジア通貨危機に発展したことは、東南アジア特にタイ、インドネシアなどの多くの華人企業にとって

苦い記憶として残っている。無論、今は危機対応能力を高めていると思われるが、新たな金融リスクに対応できるかがカギとなっている。

(3) 米中貿易摩擦問題

　米中が互いに全ての輸入製品に25％の関税をかけた場合、AMRO（ASEAN＋3マクロ経済リサーチ・オフィス）が発表した試算では、19年、20年の中国のGDPは平均で0.6ポイント下押しされる。貿易への依存度が高い香港とシンガポールの影響は中国以上に大きく、GDPがそれぞれ0.86ポイント、0.65ポイント分下がる計算になる。業種別では、中国とサプライチェーン（供給網）でつながるベトナムの電機・機械産業やカンボジアのサービス産業などへのマイナスの影響がとりわけ大きいという。

　一方、制裁関税の適用を避けるために、企業が中国から生産拠点の移管を進めれば、周辺国は好影響を受ける面もある。AMROはマレーシアの電機産業やベトナムの服飾産業への恩恵が大きいと分析する。

　日本経済新聞2019年4月8日付の記事によると、サプライチェーンを通じた中国とのつながりが相対的に薄いフィリピンやインドネシアではGDPへの影響が比較的小さいとみられる。仮に米中が互いに25％の関税を全製品にかけたとしても、GDPの下押しはフィリピンで0.1ポイント、インドネシアで0.12ポイントにとどまる見通しだという。

　調査は四半期ごとに実施している。ASEAN主要5カ国の19年と20年の成長率予測はともに4.6％だった。18年12月の前回調査から19年は0.1ポイント、20年は0.2ポイント下方修正した。

　修正の要因として、米中の貿易摩擦による中国経済の減速などを挙げる声が多かった。シンガポール社会科学大学のランドルフ・タンは「シンガポールでは、貿易収支実績に米中の緊張が影響していることが見え始めている」と指摘した。中国経済の減速により各国でスマートフォン向け電子部品の輸出が減少するなどの影響が出始めているようである。貿易摩擦以外では、英国のEU離脱がマイナス要因になるとの指摘もあった。

関税を避けるため、製品を米国に輸出する中国企業や外国企業が近隣の東南アジア諸国に移っている。中国企業の海外直接投資が増加することで、企業の華人の工業園区への入園や協力により東南アジアで製品を輸出するまでの一連の工程は華人と連携する形での動きが出てくると思われる。

　米国向けに輸出する企業は、資本・技術集約産業型は中国に留まり、労働集約型産業が中国の企業も含めて東南アジアに移転し、最後の工程を東南アジアに移転するというケースが出てくる。中国で生産できないものについて華僑華人企業が受け皿となり製造から米国への輸出までを担うなど、華僑華人企業にチャンスを与えている。

　東南アジア諸国は米国や外国企業から投資を多く受け入れ、国内企業にチャンスを与えているが、米中貿易摩擦によるデメリットもある。

　まず、東南アジアにおいて、多くの熟練労働者の確保が難しい。世界銀行によるインフラの質を評価したランキングによると、タイとベトナムはそれぞれ41位、47位、中国は20位となっている。インフラのほかに、行政手続きもハードルとなっている。特にベトナムでは、熟練労働者もそう簡単には確保できないという。また、米国と中国に輸出する企業であれば、業種にもよるが、米国に多く輸出した分、中国への輸出が減少するというジレンマが出てきている。たとえば、タイの電子集積回路基板産業は2018年10月アメリカへの輸出は4％上昇したが、中国への輸出は38％の減少となった。

　ベトナム繊維最大手、国営ビナテックスのカオ・ヒュー・ヒエウ社長は米国の通貨関税の第4弾発表直後の5月14日、日本経済新聞の取材に応じた。ヒエウ氏は、中国からの衣料品輸出に対する米国の追加関税の影響について「実行されれば、数カ月から1年間はベトナムへの生産移転が（これまで以上に）進む」との見通しを述べた。

　ベトナム繊維協会が第4弾発表前に示した予測では、2019年の同国繊維関連輸出額は過去最高の前年比11％増の400億ドル（約4兆4,000億円）になる見通しである。追加関税が発動されるとベトナムの輸出がさらに膨らむとみられる。

　ヒエウ氏は「対米輸出が急増すれば、米国が新たにベトナムにも追加関税を課す恐れがある」と述べ、ベトナムが米国ににらまれるリスクを指摘した。

　貿易戦争の世界経済への影響として、ヒエウ氏は中国企業が追加関税後も対米輸出を続けようとすれば、原材料や部品の調達費を下げる方向に動くと予測している。東南アジア企業などにしわ寄せが行きかねないと説明し、世界経済全体に負の影響が及ぶとの見方を示した。

　国連工業発展組織（UNIDO）によると、ASEAN地域には1,000以上の経済特区がある。うち893の工業園区、ベトナムだけでも320の製造業を中心とした工業園区があるという。外資の約半分はこれらの工業園区に入っており、工業園区の競争も激しくなっている。

おわりに

　古代のシルクロードは長い年月をかけて形成され、中世以降、陸のシルクロードは次第に衰退し、海のシルクロードが主に使われた。歴史において、漢の時代から交易や朝貢貿易などを行ってきたが、国が主導的にシルクロードの開拓や交易を行うことはあまりなかった。東南アジアにおいては、中国商人や現地に移住した華僑によって海のシルクロードを活用した交易のネットワークが形成されただけではなく、技術の面においても、華僑華人が大きな役割を果たした。現代の東南アジア社会では、華僑華人企業・グループが、彼らのネットワークを利用しながら、アジアをはじめ、先進国企業と連携し、中国だけではなく、世界への投資に向かっている。

　「一帯一路」構想は、初めて中国政府が主導的に提唱したもので、内容も範囲も今までにない規模である。これはグローバル経済の深化やブロック化の結果でもあり、今後の中国経済成長の生命線でもあると読み取れる。昔のシルクロードが栄枯盛衰を繰り返した要因は様々あるが、その一つにインフラの問題が挙げられる。今回はAIIB、中国のシルクロード基金の対応や日本主導のアジア開発銀行（ADB）などの協力もある。沿線国との貿易におい

て、中国政府は人民元の国際化に向けて人民元での決算や人民元建ての融資もさらに拡大していくと思われる。

　「一帯一路」構想は、国際社会から幅広く関心が集まり、順調にいけば、沿線国と投資国双方に利益をもたらし、グローバル経済成長のさらなる推進力となることが期待できる。しかし、上述したリスクも見落とせない。「一帯一路」構想は中国や沿線国に大きなビジネスチャンスをもたらすと同時に、順風満帆の道ではないというのが中国にも関連国にも共通の認識としてあるであろう。

　明の時代のように朝貢貿易において、民間の貿易を制限・禁止したことで国の貿易のバランスが崩れ、財政の悪化など国民生活に大きな影響を与えたのも事実である。今回の構想は政府主導で行われるものであり、AIIBは将来的に商業に向けて民間資本を受け入れるとの推測はあるが、民間企業・民間資本がどの程度参入できるかというのが一つのカギとなっている。また、沿線周辺国は政治や経済、文化、宗教などの事情が異なり、経済的利益だけでは全線の国々を動員するのは難しい。さらに中国がこの構想の実行において、既存の国際ルールとどこまで協調できるかも今後の中国の経済発展に関わる問題の一つだと思われる。

　米国はトランプ大統領の登場によって、TPP（環太平洋戦略的経済連携協定）不参加を決め、二か国間のFTAを強化していく方針である。トランプ政権は「一帯一路」に対しても、各地域において反対のスタンスをとっているが、ロンドンのシンクタンク、経済ビジネス研究センター（CEBR）が2019年5月27日に発表したレポートでは「一帯一路は今後の20年間で世界経済を毎年7兆1,000億ドル増加させ、世界のGDPの4.2％を押し上げる可能性がある。2040年までに世界の56カ国が年間100億ドル以上の経済成長を遂げると見込んでいる。米国は不参加にもかかわらず中国に次ぐ最大の潜在的受益者となり、米国のGDPを1.4％押し上げるだろう。米国経済は規模が非常に大きいため、世界のGDPが押し上げられれば恩恵を被ることになるのだ」と指摘している。

RCEP（東アジア地域包括的経済連携）は2019年内の交渉妥結を目指していたが、2020年に先送りされた。RECPの交渉が終われば、東南アジアを中心に一つの広範囲の経済圏が出来上がる。アジアおよびオセアニア地域の企業に多くのビジネスチャンスをもたらすであろう。東南アジアの華人企業もビジネスチャンスをさらに広げると予測される。華人資本は、民族という軸からみると、華人資本ではあるが、国家という軸からみると、一国の民間資本である。民間資本の一部である華人資本が居住国の国家の利益に緊密に関連していることはいうまでもない。国の経済が低迷すれば、企業への影響も大きい。企業が不振であれば、国の経済も打撃を受ける。これは居住国政府、華人自身がよくわかっていることである。

　社会的、政治的環境の影響を受けながら、企業が自身の利益と国家の利益、投資先への利益、社会への貢献などのバランスを保つことは、華人企業も例外なく、企業が成功する近道となるであろう。また、国の経済構造の改革や地域の経済統合などが行われている中、華人資本が、どこに向かうのか、どのような動きをするのか。今までの投資動向からある程度推測はできるが、とりわけ今後の動きが気になるところである。

　今まで中国の経済発展やインフラの建設において、華僑華人資本が大いに役割を果たした。1970年代、80年代のアジアの経済成長は、表向きは日本企業のおかげだが、裏には華人企業の支えがあったといわれるように、今後、「一帯一路」やRCEPの実現において、東南アジア華僑華人の果たす役割は大いに期待できる。一方で、華人企業と外資や中国企業との競争も激しくなっていくであろう。それを勝ち抜いていくためには、華人ネットワークの強みを利用しながら、研究開発、技術力や経営ノウハウなどを高めることが重要である。また、居住国において経済格差や民族問題などが再燃するリスクを自覚した上で、これらの問題に対して普段から前向きな解決策を探る心構えが必要になってくると思われる。

　「一帯」のインフラ建設が着実に進んでいる中、「一路」の存在が今まで以上に重要視されると思われる。当然、地政学的には「一路」の重鎮である東

南アジア地域の重要性がますます高まる。さらに「一路」との方針も重なる
RCEPの実現に向けて、ASEANと中国、日本など関連国との協力関係が今
後さらに強化されていくであろう。

　「一帯一路」構想やRCEPは、経済のグローバル化の深化の結果であり、
地域の重層的な統合の流れでもある。経済関係の深化によって、政治的な対
立が緩和されることは、世界の平和と安定にとって重要である。貧困の削減
や経済格差の是正の取り組みは、一国内にとどまらず、世界全体で多様な取
り組みが必要となる。地域統合は他地域統合へ対抗するものではなく、結果
的には世界経済バランスをよくするための手段となるべきである。

【参考文献】

アタリ，ジャック／林昌宏訳『海の歴史』プレジデント社、2018年。
石澤良昭『興亡の世界史11　東南アジア　多文明世界の発見』講談社、2009年。
井上治編『日本と東南アジア』鳳書房、2014年。
岩崎育夫『アジアの企業家』東洋経済新報社、2003年。
岩崎育夫『入門　東南アジア近現代史』講談社現代新書、2017年。
牛山隆一『ASEANの多国籍企業』文真堂、2018年。
内田直作『東南アジア華僑の社会と経済』千倉書房、1982年。
王義桅／川村明美訳『「一帯一路」詳説』日本僑報社、2017年。
岡本隆司『中国経済史』名古屋大学出版会、2013年。
桂木麻也『ASEAN企業地図』翔泳社、2019年。
桐山昇『東南アジア経済史』有斐閣、2008年。
清水純、潘宏立、庄国土編『現代アジアにおける華僑・華人ネットワークの新展開』
　　風響社、2014年。
白石隆『海の帝国』中公新書、2000年。
杉田俊明「日本企業のアジア市場参入戦略：「ASEAN 5」と「もう一つの中華圏ビジ
　　ネス」『甲南経営研究』55巻2号、2014年。
杉山伸也『グローバル経済史入門』岩波書店、2014年。
高良倉吉『琉球王国の構造』吉川弘文館、1987年。
羽田正『興亡の世界史15　東インド会社とアジアの海』講談社、2007年。
羽田正『東インド会社とアジアの海』講談社、2007年。
濱下武志『東アジア世界の地域ネットワーク』出川出版社、1999年。
濱下武志『華僑華人と中華網』岩波書店、2013年。

浜下武志、川勝平太編『アジア交易圏と日本の工業化1500-1900』藤原書店、2008年。

原不二夫編『東南アジア華僑と中国』アジア経済研究所、1993年。

樋泉克夫『華僑の挑戦』The japan Times、1994年。

藤田豊八『東西交渉史の研究』南海篇、岡書院、1932年。

フランク，アンドレ・グンダー／山下範久訳『リオリエント　アジア時代のグローバル・エコノミー』藤原書店、2000年。

ポメランツ，ケネス、トピック，スティーヴン／福田邦夫、吉田敦訳『グローバル経済の誕生　貿易が作り変えたこの世界』筑摩書房、2013年。

宮崎正勝『鄭和の南海大遠征』中公新書、1997年。

ミラー，トム／田口未和訳『中国の「一帯一路」構想の真相』原書房、2018年。

メンジーズ，ギャヴィン／松本剛史訳『1421　中国が新大陸を発見した年』ソニー・マガジンズ、2003年。

リード，アンソニー／平野秀秋、田中優子訳『大航海時代の東南アジア　1450-1680年 II』法政大学出版局、2002年。

〔中国語文献〕

安東尼・瑞徳／呉小安、孫来臣訳『東南亜的貿易時代1450-1680』商務印書館、2013年。

彼得・弗蘭科潘／邵旭東、孫芳訳『THE SILK ROADS— 一部全新的世界史—』浙江大学出版社、2016年。

陳琮淵、黄日涵編著『搭橋引路：“華僑華人与一帯一路”』社会科学文献出版社、2016年。

段霞編『“一帯一路”欧亜合作発展報告（2018）』社会科学文献出版社、2018年。

葛紅亮『東南亜—21世紀『海上絲綢之路』的枢紐』世界図書出版公司、2016年。

国家開発銀行、聯合国開発計画署、北京大学著『“一帯一路”経済発展報告』中国社会科学出版社、2017年。

国家信息中心、“一帯一路”大数据中心『一帯一路大数据報告』商務印書館、2018年。

賈益民、張禹東、庄国土編『華僑華人研究報告　2018年』社会科学文献出版社、2018年。

李慶新『海上絲綢之路』八広経済出版社、2003年。

王輝耀、康栄平編『世界華商発展報告（2018）』社会科学文献出版社、2018年。

王義桅『“一帯一路”機遇与挑戦』人民出版社、2015年。

張振江、吉偉偉編『“一帯一路”相関地区与国家僑情観察』暨南大学出版社、2018年。

中国航海協会『中国古代航海史』人民交通出版社、1988年。

庄国土、劉文正『東亜華人社会形成和発展』厦門大学出版社、2009年。

台湾と東南アジア

―「南向」をめぐる現状と展望―

玉置　充子

はじめに

　中国は現在、国際社会における影響力をますます強め米国と覇権を争うまでになった。不可分の「核心的利益」と位置付ける台湾に対しても、近い将来の統一を目指し、「一つの中国」を認めるよう圧力を強めている。一方の台湾は、国内的にはかつての権威主義体制から民主化を果たして社会の多元化、多様化が進み、対外的には外交的孤立のなかで中国の脅威にさらされながらも主体性を保ち、「民主」と「自由」を強調して中国に対抗しようとしている。台湾は言うまでもなく「中華社会」の一員ではあるが、近代以降の歴史経験を通して中国とは異なる政治および社会のシステム、独自の価値観が形成されており、中国が目論む「統一」を容易に受け入れるとは考えられない。一方で、中国は今や台湾にとって最大の貿易相手国であり、台湾は政治的に対立しながら経済では中国に依存するという矛盾を抱えている。この問題を解決する切り札として、2016年5月に発足した民主進歩党（以下「民進党」）の蔡英文政権は、経済の対中国依存からの脱却を図るとともに、対外戦略の柱とすべく東南アジアを主な対象とする「新南向政策」を打ち出した。

　近年、東南アジアは高い経済成長率が注目され、2015年のアセアン（東南アジア諸国連合）経済共同体（AEC）の発足は地域経済体としての将来性や「世界の成長センター」としての存在感を内外に示した。東南アジアはまた、歴史的に華僑華人の集住地であり、中国と台湾の双方にとって地政学的に重要な位置にある。中国もこの地域の重要性を認識し、「一帯一路」構想において東南アジア諸国の取り込みを図る。東南アジアにおける中国の影響

力は強大であるが、そのなかで台湾は、新南向政策を通して経済面のみならず幅広い相互交流と関係強化を模索している。

　新南向政策には先行する政策があった。台湾は民主化後の1990年代以降、中国との経済関係が進展し、「台商（台湾企業）」の中国投資が拡大した。政府はリスクの分散を図って東南アジアを対象とする「南向政策」を打ち出し、それが現在の新南向政策につながっている。新南向政策においては、台湾と東南アジアを結ぶ人材の育成や人的資源の活用が期待されている。その人的資源には、東南アジアに進出した「台商」、東南アジアからの留学生、東南アジア出身の「新住民」の三つが挙げられる。台湾人の東南アジア進出は、戦前の日本統治時代の「南進政策」にさかのぼることができ、戦前に進出した台湾人の一部は戦後の「台商」の基礎となった。東南アジアからの留学生には、戦後台湾が華僑華人を対象とする「僑務政策」において重視してきた「僑生（華僑学生）」が多数含まれる。また「新住民」は近年、台湾社会の多元化を象徴するものとして存在感を増している。

　強大化する中国を前に、台湾の政権は、国民党であれ民進党であれ、また第三極であっても、中国との距離をどう設定するかという難問に向き合わなければならない。新南向政策は、中国と距離を置き「アジア太平洋の多元的な台湾」というアイデンティティを模索する蔡政権にとって経済政策以上の意味を持つ。

　台湾の総統は4年1期（再選は2回まで）で、2020年1月11日に次期総統選挙が実施された。その結果は、これまでの総統選挙以上に台湾の将来を左右し、中台関係はもちろん、アジア情勢にも大きな影響を及ぼすものとして注目されていたが、現職の蔡英文が史上最高得票で圧勝し、再選を果たした。蔡英文は同年5月20日に2期目の総統に就任する。2期目においても、新南向政策はおそらく継続して実施されるであろう。同政策は政治的思惑とは別に、多元化する台湾社会の現状を反映したものでもあり、「中華世界」の広がりと変容を見る上でも重要な手がかりとなると思われる。本章では、以上のような問題意識に基づき、台湾と東南アジアとの関係をめぐる歴史と現状

をひもとき、今後の展望を考えてみたい。

一. 台湾の僑務政策と台僑の分布

　本論に入る前に、まず台湾の僑務政策の変遷と台湾系華僑（台僑）の分布状況を概観したい。「僑務」とは華僑華人、すなわち在外中国系住民に対する各種政策を指す。在外中国系住民は、一般的に中国あるいは台湾の国籍を保持している者を「華僑」、居住国の国籍を持つ者を「華人」と呼んで区別されるが、本章では以下、国籍に関わらず「華人」に統一する。僑務はそもそも華人の保護を目的に始まり、中華民国政府は1920年代に専門機関である僑務委員会を設置した。戦後の1950年代以降、中国（中華人民共和国）と台湾（中華民国）は「中国の唯一の正統な政権」としての地位を国際社会で争い、僑務には各国の支持を得るために華人を取り込むという新たな役割が生まれた。

　しかし1950年代から60年代にかけて中国の政治・経済は混乱を極め、僑務にまで手が回らないのが実情であった。さらに共産主義を嫌い、中華民国にシンパシーを持つ華人は、自らの出身地に関係なく台湾を「祖国」と見なしたことから、僑務においては台湾が優勢に立っていた。冷戦下で米国が台湾をアジアにおける「反共の砦」として支援していたことも台湾の僑務の発展を助けた。しかし1970年代に入ると情勢に変化が生じ、米国をはじめ西側諸国が中国との関係改善に乗り出した。1970年代以降、台湾は国連における代表権を失い、日本、東南アジア諸国、米国などと次々に断交し、国際機関への参加も困難となった。外交的に孤立するなかで、僑務は対外関係開拓の一環と見なされるようになり、僑務工作と外交工作は相互補助的な関係を持つようになっている（陳2005：125）。

　台湾の僑務政策の対象となる「僑胞（華僑同胞）」には中華民国籍を持つ「華僑」、外国籍の「華人」および「華裔（かえい）」の三つの身分が含まれる。台湾の

国籍法は血統主義で、かつ二重国籍が容認されている。国籍法に基づくと、「華僑」は海外に居住するが居住国の国籍を持たず中華民国のパスポートを所持する者、「華人」は中国人の血統を持ち、海外で居住国の国籍を取得している者、「華裔」は華僑または華人が海外の居住国でもうけた子孫、と解釈される。

　「華人」と「華裔」の解釈からわかるように、台湾の僑務の対象は台湾出身者にかぎらず、中国大陸にルーツを持つ者が広く含まれている。しかし国際社会における中国の影響力が強まるにしたがい僑務においても中国が優勢となるなかで、台湾の僑務は、従来の世界中の華人を対象としたものから台湾出身者を主な対象としたものに変わりつつある。

　台湾で僑務を管轄する行政院僑務委員会は1960年代から毎年『僑務統計年報』を刊行し、そのなかで世界の華人人口の推計値を発表している。最新の2018年末のデータによると、世界の華人人口は4,869万人と推計される。地域別ではアジアが最も多く3,426万人で、南北アメリカ953万人、ヨーロッパ225万人、オセアニア154万人、アフリカ111万人と続く。アジアの割合は1960年には全体の97％を占めたが、他地域の華人人口の増加にともない年々割合が下がり、最近は70％程度にまで減少している。アジアのなかでも東南アジアに華人が集中している状況は今も変わりがない。東南アジア華人のサブ・エスニックグループは「福建、広東、潮州、海南、客家」の五つに代表され、それぞれが相互扶助を目的に同郷団体（会館）を設立している。中国の改革・開放以降に移住した「新華僑」の数も年々増え、一説には1,000万人を超えると言われている。

　同年報は2007年度から華人人口とは別に「台湾僑民（台僑）」の人口も掲載するようになった。台湾出身者を別枠でとらえるようになったことは、僑務政策における方針転換を反映したものと思われる。台僑は「台湾（台湾島、澎湖諸島、金門島、馬祖島）から移出した僑民とその後代」と定義されている。2018年末の台僑の人口は約198万人で、5年で約15万人増加した。そのうち南北アメリカが125万人で6割を占め、アジア、ヨーロッパ、オセア

ニア、アフリカはそれぞれ61万人、4.6万人、7.5万人、1万人と推計されている。国別では米国が約100万人と圧倒的に多く、カナダ（18万人）、インドネシア（20万人）、タイ（15万人）、ベトナム（8万人）などとなっている。インドネシア、タイ、ベトナムの華人人口はそれぞれ約1,000万人、700万人、100万人と推計されており、華人全体のなかで台僑の割合は非常に少ない。

　台僑のなかで、現地に投資して事業をおこなう企業家を「台商」と呼ぶ。1990年代、台商が中国や東南アジアに進出するようになると、各地で商業団体である「台湾商会」が発足した。後述するように、台湾商会には国毎あるいは地域毎にそれをたばねる連合組織が設立され、台商のネットワークが形成されている。また国・地域によっては、「台湾会館」などの同郷団体や台湾に本部がある宗教団体の支部も設立されている。通常、これら団体のメンバーは台湾商会と重複しており、台商のネットワークにつながっている。

二．台湾の「南向」の系譜

（一）新旧の「南向政策」

　2016年1月の総統選挙で当選した蔡英文は、同年5月の就任演説において「対外的な経済の形態や多元性を強化し、従来の単一市場に依存しすぎた現象と決別する」と強調した。この「従来の単一市場に依存しすぎた現象」が前任の馬英九時代における中国への過度の傾斜を指すことは言うまでもない。蔡総統は同年8月、対外戦略の柱として「新南向政策綱領」を公布し、同11月にその「四大工作重点」を発表した。「四大工作重点」とは、①経済貿易協力、②人材交流、③資源の共有、④地域の連携、の四つを指す。

　新南向政策の対象国は、アセアン10か国（インドネシア、フィリピン、タイ、マレーシア、シンガポール、ブルネイ、ベトナム、ラオス、ミャンマー、カンボジア）に南アジア6か国（インド、パキスタン、バングラデシュ、ネパール、スリ

ランカ、ブータン)、オセアニア2か国(オーストラリア、ニュージーランド)を加えた18か国である。これら対象国の多くが中国の「一帯一路」構想の「一路(21世紀海上シルクロード)」と重なっている。

新南向政策の目的は、中長期的な中国依存からの脱却およびアジア諸国との多元的で「互恵互利」の関係を構築し、地域経済共同体の形成を目指すことにある。現在台湾が国交を持つ国は、中米やカリブ海諸国などわずか15か国にとどまり、日米を含め多くの国と実質的な外交関係を維持しているものの、中国政府の反対によって国連をはじめほとんどの国際機関から排除されている。台湾は新南向政策の対象国とも正式な外交関係を有していないが、従来の実務的な関係を基礎に、アジア太平洋地域の一員として、「以人為本、双向多元(人を基本とし、双方向かつ多元的)」を原則に、経済や貿易だけでなく、科学技術、人材交流、文化交流、資源・市場共有などの各分野で相互協力を図る。そこには東南アジアおよび南アジア諸国の急速な経済発展と、中産階級の台頭、20億人(アセアン6億人、インド14億人)規模の消費市場としての潜在力への注目がある。

「新」と名づけられている通り、新南向政策には先行する「南向政策」があった。南向政策は1990年代から2000年代にかけて、李登輝(在任1988-2000)および陳水扁(在任2000-2008)の両政権で実施された。

台湾は1949年から蒋介石とその後継者の蒋経国の2代にわたり国民党独裁による権威主義体制下にあったが、1970年代以降、外交的孤立のなか開発独裁体制のもとで経済を発展させ、香港、韓国、シンガポールとともに「アジアの四小龍」と称される「経済の奇跡」を生み出した。さらに1987年に40年間続いた戒厳令が解除され、1988年の蒋経国の死去により総統となった李登輝のもとで民主化が進み、1996年には初の総統直接選挙が実施された。2000年の総統選挙では野党であった民進党の陳水扁が勝利し、台湾史上初めて政権交代が実現した。陳水扁は2期8年を務めるが、2008年の総統選挙は国民党の馬英九が当選し再び政権が移った。

台湾は1987年に戒厳令を解除すると同時に、中国への直接投資を解禁し

た。直接投資は大規模な中台間の貿易を促進し、また台湾国内の賃金上昇により コスト高に陥った製造業者が生産拠点を中国に移転させる動きが進んだ。李登輝は台湾経済の急速な対中依存を警戒し、1993年にタイ、マレーシア、インドネシア、フィリピン、シンガポール、ベトナム、ブルネイの7か国を対象とした南向政策を提唱した。同政策は台湾企業のアセアンにおける生産拠点の確立を促すとともに、アセアン諸国の経済発展に協力し、同地域における台湾の安全保障上の地位向上も目的としたものであった。

1997年にアジア通貨危機が発生すると、南向政策の対象は上記の7か国にカンボジア、ラオス、ミャンマー、オーストラリア、ニュージーランドを加えたものに拡大した。そこには通貨危機後の台商に融資するとともに、東南アジア諸国の経済を支援する意図もあったという。

2000年に発足した陳水扁政権でも南向政策は基本的に継承された。中国は2001年12月に世界貿易機構（WTO）への加盟を果たし、これにより中国経済は世界経済システムとリンクした。台湾もその翌月の2002年1月にWTO加盟が認められ、中台間の貿易量は急激に増加した。2005年には台湾の対中貿易額は608億ドルに達して初めて米国、日本を上回り、これ以降、中国は台湾にとって最大の貿易相手国になった。東南アジアに関しては、台湾はシンガポール、マレーシア、ベトナム、フィリピン、インドネシアなどを対象に二国間のFTA（自由貿易協定）の締結を目指したが実現はしなかった。

このように1990年代から2000年代にかけて李登輝、陳水扁の両政権を通して実施された南向政策であったが、台湾から中国への投資は拡大を続け、いずれも大きな成果は上がらなかったと評価されている（山崎2016：87-88）。

2008年から2016年までの国民党の馬英九政権下で中台関係は大幅に改善され、2008年12月15日、1949年から60年間にわたって途絶えていた中台間の「三通（通商、通航、通郵の直接往来）」が実現した。これは2000年1月から金門島と福建省厦門（アモイ）の間で限定的に実施されていた「小三通」に対して、「大三通」と呼ばれている。馬英九は中国人の観光や台湾留学にも門戸を開き、人的往来の活発化とともに台湾経済の中国依存もますます進んだ。

東南アジアに関しては、前政権の南向政策は引き継がれなかったが、2013年11月、当時台湾にとって第5位の貿易相手国であったシンガポールと経済パートナーシップ協定（ASTEP）を締結している。同協定は台湾にとって初の二国間自由貿易協定であり、2014年4月19日に発効した。

では「南向政策」と「新南向政策」の違いはどこにあるのだろうか。まず東南アジアだけでなく、経済成長率が10％を超えるインドなど南アジア諸国を対象に加えたことがある。次に、これまで台湾企業の生産拠点の移転先と見なされていた対象地域が消費市場としても期待されるようになったことが挙げられる。さらに三つ目は経済政策にとどまらず、広い分野で対象国との間で双方向の戦略的パートナーシップ構築を目指すこと、四つ目は日本をはじめ第三国との協力を含む地域連携を重視していることである。台湾は新南向政策による連携を足がかりに、将来的にはRCEP（東アジア地域包括的経済連携）やTPP（環太平洋パートナーシップ協定）といった地域経済協定への参加を目指していると考えられる。

（二）「新南向政策」の具体策

新南向政策は蔡英文政権の重要政策であり、政府各部門がそれぞれ関連計画を策定して取り組んでいる。政策に関する情報提供の面では、外交部が新南向政策に関する特設のポータルサイトを立ち上げた。また新南向政策のスタートに合わせて、経済部（経済産業省に相当）国際貿易局が2016年10月『新南向政策服務指南』という小冊子を発行し、同政策の目的や政府各部門の計画の概要および各対象国と台湾との貿易概況等を紹介している。表1は同指南に基づき、台湾とアセアン諸国の貿易および台商の概況をまとめたものである。

人材交流の面では、教育部（文部科学省に相当）は10億元（約35億円）を投じ、対象国からの僑生を含めた優秀な若者の台湾留学をサポートする。また、台湾の大学生を対象国の大学院に派遣して学位を取らせるプログラムや

アセアン諸国の言語を専攻する学生を育成して現地の台商のもとで企業研修させるプログラムなどが計画された。2017年には、台湾の大学生150人をベトナム、インドネシア、タイ、フィリピン、ミャンマーに派遣し、現地企業でインターンシップを実施した。

　僑務委員会も台商の競争力向上のために人材育成や研修事業などを実施するほか、台湾企業の進出を支援するため、現地の僑生人材に留学奨学金を提

表1　台湾とアセアン10か国との貿易および台商組織の概要

国名	台商組織	加盟企業数	台湾との貿易額 （2015年）	貿易額の順位 （2015年）
インドネシア	インドネシア台湾工商聯誼会（1990年発足）および8つの地区聯誼会	911社	90億ドル	13番目
フィリピン	フィリピン台商総会および10の地区聯誼会	500社	93億ドル	11番目
タイ	タイ国台湾商会連合総会（1992年発足）および15の地区聯誼会	3,000社	98億ドル	10番目
マレーシア	マレーシア台湾商会連合総会（1990年発足）および7つの地区聯誼会	1,750社	136.5億ドル	8番目
シンガポール	シンガポール台北工商協会（1991年発足）および同青年商会	210社	380億ドル	6番目
ブルネイ	ブルネイ台湾商会	34社		
ベトナム	ベトナム台湾商会連合総会（1994年発足）および14の地区聯誼会	1,700社	123.6億ドル	9番目
ミャンマー	ミャンマー台商総会・ミャンマー台湾尚賞会	150社・130社	2.7億ドル	64番目
カンボジア	カンボジア台商協会	98社	7.4億ドル	44番目
ラオス	ラオス台商連合総会	32社	1,747万ドル	129番目

（出所）中華民国経済部国際貿易局（2016）『新南向政策服務指南』より筆者作成。

供する。

　経済部は中国輸出入銀行と協力し、対象国に投資する台湾企業の資金調達を支援するほか、2016年7月には台北でアセアン諸国の投資関連機関の高官らを招いて「台湾－アセアン投資戦略パートナーシップフォーラム」を開催し、台商に東南アジアへの投資を呼びかけた。また経済部投資業務処は2017月3月よりインドネシア、フィリピン、ベトナム、タイなどに順次「台湾デスク」を開設し、進出を希望する台湾企業に対して現地の投資、産業、法規などの関連情報を提供するとともに、現地企業および政府投資部門との間を仲介する。

　農業は新南向政策における重点項目の一つで、行政院農業委員会（農林水産省に相当）に所属する農業科技研究院は2016年9月から12月にかけて、タイ、ベトナム、オセアニア、マレーシア、シンガポール、フィリピン、カンボジア、ラオス、ブルネイの各台湾商会総会および、アジア台湾商会連合総会と協力覚書に調印した。

　観光の分野では、アセアン諸国からの観光客の増加を図るため、ビザ免除やビザ申請手続きの簡素化が実施された。外交部（外務省に相当）の資料によると、新南向政策対象国18か国に対するビザ優遇措置は、先進国であるオーストラリアとニュージーランドには日本同様に90日間ビザが免除されているが、東南アジアでは、シンガポールとマレーシアに30日間、タイ、フィリピン、ブルネイには14日間のビザ免除、インドネシア、ベトナム、ミャンマー、カンボジア、ラオスには条件付きのビザ免除あるいは団体客向けの申請簡略化などの優遇措置が実施された。

（三）新南向政策の効果

　ではスタートから3年間で、新南向政策はどのような効果を上げたのだろうか。まず経済分野では、経済部の発表によると対象18か国への輸出は2017年4月までの7か月連続で二桁成長を続けるなど一定の効果が認められた。た

だし一方で中国との貿易額も増加している。表2は、2017年と2018年の台湾と主要相手国・地域との貿易額である。台湾の貿易は全体的に成長しており、2018年は輸出が前年比5.9ポイント、輸入が同10.6ポイント増加した。国・地域別の輸出額で見ると、同年の中国向け輸出は全体の28.8％を占め、香港向けの12.4％を合わせて4割を超える。アセアンは、日米を押さえて台湾にとって2番目の地域となっている。

表2　台湾と主要国・地域との輸出入金額（2017年・2018年）単位：100万ドル、％

国・地域	輸　　出				輸　　入			
	2017年	2018年			2017年	2018年		
	金額	金額	構成比	前年比	金額	金額	構成比	前年比
中　国	88,981	96,802	28.8	8.8	50,043	53,799	18.8	7.5
香　港	41,232	41,594	12.4	0.9	1,512	1,410	0.5	-6.8
アセアン	58,573	58,222	17.3	-0.6	31,028	34,536	12	11.3
米　国	36,942	39,701	11.8	7.5	30,237	34,736	12.1	14.9
欧　州	29,155	31,573	9.4	8.3	31,423	34,571	12.1	10
日　本	20,782	23,093	6.9	11.1	41,943	44,164	15.4	5.3
合計（その他を含む）	317,249	336,050	100	5.9	259,266	286,655	100	10.6

（出所）中華民国財政部統計処

　次に人材交流の面で重視されている留学生誘致の成果を見よう。表3には2017年度と2018年度の留学生の出身国・地域を示した。留学生全体では5,000人の増加にとどまっているが、順位にはかなりの変動があり、アセアン諸国の増加が目立つ。実は現在台湾の外国人留学生は中国人が最も多い。中国人留学生が増加したのは、馬英九の政策による。馬英九は2008年12月、それまで禁止されていた中国人学生の台湾の大学入学を認めるとともに、中国大陸の学歴を認証することを決定した。中国人留学生は非正規生の割合が高いが、これは短期研修を含むためである。蔡英文政権スタート後の中台関係の悪化を受けて、2017年度と2018年度で中国人留学生は5,000人減少したが、一方でインドネシアとベトナムからの留学生の大幅増加によってアセア

ン諸国の留学生が1万3,000人増加し、中国人の減った分を埋めた。

表3　台湾の外国人留学生数（2017年・2018年）　　　　　　　　　　　　単位：人

順位	2017年度				2018年度			
	国・地域	合計	正規生	非正規生	国・地域	合計	正規生	非正規生
1	中国	35,304	9,462	25,842	中国	29,960	9,006	20,954
2	マレーシア	17,079	13,433	3,646	マレーシア	16,717	13,091	3,626
3	香港	8,761	8,329	432	ベトナム	12,983	7,854	5,129
4	日本	8,387	1,340	7,047	インドネシア	11,812	7,347	4,465
5	ベトナム	7,339	4,465	2,874	日本	9,196	1,583	7,613
6	インドネシア	6,453	4,063	2,390	香港	8,218	7,695	523
7	マカオ	5,141	5,116	25	マカオ	4,721	4,684	37
8	韓国	4,724	916	3,808	韓国	4,329	944	3,385
9	米国	3,814	646	3,168	米国	3,770	619	3,151
10	タイ	2,125	847	1,278	タイ	3,236	955	2,281
アセアン10ヵ国		35,460	23,923	11,537	アセアン10ヵ国	48,612	30,825	17,787
留学生総計		121,461	55,910	65,545	留学生総計	126,997	61,970	65,027

（出所）中華民国教育部統計処

　表4は、2015年度から2018年度における台湾の大学に在籍する新南向政策対象国の留学生数である。2018年度は、正規生（学部、大学院）、非正規生（語学コースなど）合わせてアセアンから4万8,612人が留学し、2015年から2万人以上増加した。そのうちマレーシアが最も多く（1万6,717人）、ベトナム、インドネシア、タイと続く。マレーシアは新南向政策以前から大学正規課程への僑生の留学が多いため増加率はそれほどではないが、それに対し、ベトナム、インドネシアはこの3年間で3倍、タイは2倍に増えた。また、フィリピンも人数は少ないものの3倍以上になっており、新南向政策で一定の効果が上がっていることがうかがえる。

　新南向政策では、観光分野でも国民党の馬英九政権下で急速に進んだ対中依存からの脱却が図られた。中台関係は馬英九政権下で大幅に進展し、2008年に中国人観光客が全面的に解禁されたことで台湾を訪れる中国人が激増し

た。交通部観光局（観光庁に相当）の統計によると、2008年の約33万人から2015年には418万人と10倍以上に増え、全体の4割を占めるまでになった。しかし、2016年の蔡英文政権発足後、中国政府は団体客の台湾渡航に制限を加え、中国人観光客が大幅に減少して、それに依存していた台湾の観光業者は大きな打撃を受けた。新南向政策では、この穴を埋めるべく東南アジアからの観光客の増加が図られ、前述のようにビザ免除などの措置が取られた。

　この結果、2015年から2017年までに東南アジアからの旅客は5割近く増加した。交通部の統計によると、台湾への年間入国者数は、2015年から4年連続で1,000万人を突破している。国・地域別では、中国と北東アジア（日本、韓国）がそれぞれ25％、東南アジア諸国が23％を占め、均衡が保たれている。東南アジア諸国は、2017年に日本（190万人）を抜いて中国（273万人）に次ぐ第2位（214万人）となった。各国・地域の旅客の旅行消費額については、中国人観光客の激減で一時は落ち込みが懸念されたが、2018年1月から9月までの合計で見ると、中国が30.3億ドル、東南アジア諸国が27億ドルとなり、旅行消費額においても東南アジアは中国に匹敵するほどの規模に成長している。

　中国からの旅客はピーク時の2015年と比べると激減はしたものの、2018年も訪台客の約25％を占め最も多い。中国政府は2016年の蔡英文政権発足以降、団体客に制限を加えたが、北京や上海など主要47都市の住民に認められている個人旅行は規制しなかった。このため中国から台湾への旅客は個人客の比率が大きくなっていたところに、中国政府は突然、2019年8月1日より個人客の台湾渡航を当分の間停止すると発表した。2020年1月の総統選挙での再選を目指す蔡英文に対し、経済面で圧力をかける狙いがあったと見られ、東南アジアからの観光客が着実に増加しているとはいえ、観光業界に与える影響が懸念された。

　これに対し、蔡英文政権は国内の観光需要の掘り起こしを図り、2019年9月より政府各部門が46億元（約160億円）の予算を計上して国内旅行に使用できる宿泊や交通などさまざまな優待プランの提供を始めたが、効果を疑問視

表4 「新南向政策」対象国からの留学生数（2015年～2018年）

地域	国	2018年			2017年	
		正規生	非正規生	計	正規生	非正規生
東南アジア	マレーシア	13,091	3,626	16,717	13,433	3,646
	ベトナム	7,854	5,129	12,983	4,465	2,874
	インドネシア	7,347	4,465	11,812	4,063	2,390
	タイ	955	2,281	3,236	847	1,278
	ミャンマー	780	481	1,261	597	141
	シンガポール	191	429	620	193	577
	フィリピン	495	1,197	1,692	272	584
	ブルネイ	15	48	63	17	15
	カンボジア	67	129	196	13	11
	ラオス	30	2	32	23	21
	合計	30,825	17,787	48,612	23,923	11,537
南アジア	インド	1,202	1,196	2,398	1,034	498
	ネパール	82	39	121	70	19
	パキスタン	102	36	138	66	27
	スリランカ	62	10	72	85	2
	バングラディシュ	31	5	36	22	2
	ブータン	1	12	13	1	13
	合計	1,480	1,298	2,778	1,278	561
豪州	オーストラリア	36	449	485	41	484
	ニュージーランド	19	76	95	26	149
	合計	55	525	580	67	633

（出所）中華民国教育部統計処

する声も多く、中国人観光客が減ったことによるマイナスをカバーできるか
は未知数である。

（四）『海外台商経済年鑑』の発行

　前述した『僑務統計年報』に加えて、僑務委員会は1958年より『華僑経済
年鑑』を毎年発行し、世界各地の華人の経済の動向や活動を紹介、分析して
きた。この年鑑に関し、2017年版（2018年12月発行）で大きな方針転換があっ
た。財団法人台湾経済研究院に委託し、初めて台商、しかもアセアン主要6
か国のみに対象をしぼった『海外台商経済年鑑』として発行したのである。
その前書きには「世界の僑民の経済活動の概況を理解するため、長年にわた

単位：人

	2016年			2015年		
計	正規生	非正規生	計	正規生	非正規生	計
17,079	12,689	3,475	16,164	11,534	3,412	14,946
7,339	3,165	1,823	4,988	2,895	1,148	4,043
6,453	3,131	2,023	5,154	2,725	1,669	4,394
2,125	784	987	1771	768	713	1481
738	567	146	713	467	112	579
770	196	601	797	190	557	747
856	212	485	697	174	359	533
32	22	12	34	18	7	25
24	8	3	11	3	1	4
44	5	4	9	4	-	4
35,460	20,779	9,559	30,338	18,778	7,978	26,756
1,532	933	360	1293	804	339	1,143
89	32	14	46	34	20	54
93	34	10	44	36	3	39
87	14	5	19	17	1	18
24	19	17	36	15	-	15
14	1	8	9	1	14	15
1,839	1,033	414	1,447	907	377	1,284
525	42	413	455	31	376	407
175	30	65	95	31	72	103
700	72	478	550	62	448	510

り華僑経済年鑑を編纂してきた」が、政府の「新南向政策」に合わせて、従来の『華僑経済年鑑』を基礎に、初めて東南アジア6か国の台商に対象を絞った年鑑を編纂し、このように対象をしぼり込むことで、従来の「研究範囲が大きすぎるために議論がまとまらないことを避ける」との狙いが表明されている。

　これまでの『華僑経済年鑑』でも近年は台商に関する記述は少なくなかった。新南向政策スタート後の2016年版（2017年12月発行）では、それに加えて新南向政策の解説、初歩的な効果の分析にかなりのページが割かれているが、全世界の華商を対象とするという基本姿勢は貫かれていた。2017年版においてベトナム、マレーシア、タイ、インドネシア、シンガポール、フィリピンのアセアン主要6か国に対象をしぼったのは大きな方針転換と言えるだ

ろう。これら6か国は台湾との投資貿易関係が非常に緊密である。歴年の投資額と件数は、ベトナムが最多で、インドネシア、タイ、シンガポール、マレーシア、フィリピンと続く。台湾の貿易総額を見ると、輸出はアジア向けが7割を占める。そのうち中国が最も多く全体の3割近くを占め、アセアン6か国への輸出は16〜18%となっている。輸入は中国が全体の19%、アセアン6か国が12%を占める。台湾とアセアン6か国との貿易額は2015年から2016年にかけて減少したが、2017年は884億ドルに回復し（輸出577億ドル、輸入307億ドル）、貿易黒字は270億ドルに達して2011年以降で最大となった。またアセアン10か国のうち6か国が占める割合は98%に達し、台湾の貿易における重要度がうかがえる。

　台商のアセアン6か国に対する投資は従来製造業が中心であった。製造業のなかでは一貫して電子部品が主であったが、近年は金属製造への投資が徐々に増えている。また2017年は金融・保険業への投資が13億2,000万ドルで最多となった。

台商へのアンケート

　同年鑑では6か国の台商に対してアンケート調査を実施している（有効回答数400件）。その結果によると、台商が東南アジアに投資する三大要因は、現地の労働コストの低さ、土地や工場建設、機材設備などの固定資産コストの相対的な低さおよび現地の市場需要の大きさである。ここから、生産コストが台商が進出に際して考慮する主要因であることがわかる。

　しかし近年、アセアン諸国は急速な経済成長にともない生産コストが上昇を続けている。これに加えて、台商は他国の企業との競争や環境保護にかかるコスト上昇、土地使用の制限といった数々の課題に直面している。しかし、アンケート結果によると、7割の台商が東南アジアから投資を引き上げることは考えていない。また、新南向政策では「双方向」が重視されており、海外の台商に台湾への投資を呼びかけているが、今回の調査では台商の7割が現時点で台湾への投資は計画していないという。その理由として、台

湾では水、電力、土地、人材、労働力の五つが不足していることが指摘されている。

　このほか、現地で現在利益を上げている台商は、「新製品の開発」をその理由として挙げている。台商は当初、現地の廉価な労働力や生産コストを重視していたが、アセアン諸国の生産コストが上昇するなかで、技術力の向上と革新に努め、高付加価値産業を現地の潜在的な需要と結びつけないかぎり、ビジネスチャンスをつかんで利益を維持できなくなっている。各国も産業構造の転換を図って外資導入の新たな計画を打ち出している。たとえば、フィリピンは2016年に「主要社会経済改革10項目」を発表し、「フィリピン開発計画」を策定してインフラ整備などを進めている。インドネシアは2015年より公共インフラ投資を促すための一連の経済刺激策をスタートした。シンガポールは産業構造転換計画によって産業のレベルアップを図る。ベトナムは2016年に「国民経済と社会発展5か年計画」を発表し、市場開放を加速させている。タイは「タイランド4.0」と名付けた戦略発展目標を打ち出し、十大産業を選定して土地の提供や税の優遇などの施策により「東部経済ベルト」の開発を推進し、タイをアセアン北部5か国と連結した人材、物流、金融センターにしようとしている。

　こうした各国の投資刺激策は台商にも新たなビジネスチャンスを提供するものである。一方でアセアン諸国は中国の「一帯一路」構想に積極的に参加しており、台商は中国企業との競争にさらされることが予想される。筆者が2016年8月にタイの「台湾商会連合総会」の幹部にインタビューした際にこの点について質問したところ、台商はタイで長年の投資実績があり、インフラ建設に中国企業と連携して参加できる余地はあると考えており、「一帯一路」の影響にそれほど危機感は持っておらず、むしろチャンスと見なしている印象であった。

　台商のアセアン6か国への投資が本格化したのは1990年代で、政府の南向政策がそれを後押しした。アンケートでは、新南向政策が台商の投資規模など経営に与える影響についても聞いている。これに対し、いずれの国の台商

も、政策開始から間もないため判断が難しいと答えている。また政府に対する要望は、居住国とのFTA締結によって関税や貿易障壁の低減を図ってほしいとの意見が最も多かった。このほか現地の情勢や投資、ビジネス環境等についての情報収集や分析を求める声も高かった。

　僑務委員会が今後も2017年版の方針を継続し、2018年版以降の年鑑も東南アジアの台商にターゲットをしぼったものになるかは現時点では不明である。今回の方針転換は、政府の新南向政策の進展に合わせたものであることは間違いないが、それだけでなく、国際社会で中国の影響力がますます増すなかで、「台湾の僑務委員会が全世界の華人を統括する」という図式がそぐわなくなっており、現状に即して台湾出身者をサービスの主な対象とするという、僑務政策そのものの転換を反映していると考えるべきであろう。

三. 台湾と東南アジアを結ぶ人的資源

　新南向政策では人材交流が重要目標の一つに掲げられている。台商は台湾が東南アジアとの関係を強化するうえで欠かせない人的資源であり、上記で見たように新南向政策においても台商を対象とした各種の施策が採られている。台湾と東南アジアを結ぶ人的資源には、台商のほかに僑生を含む東南アジアからの留学生および東南アジア出身の「新住民」が挙げられる。

(一) 台商の歴史とネットワーク

　台僑と台商については上記でも紹介したが、ここでは東南アジアにおける台商の歴史を振り返るとともに、台商の組織とネットワークについて見てみたい。僑務委員会の発表によると、2018年末の世界の台僑の数は約198万人で、北米とくに米国に多い。北米に台僑が多い理由は、戦後の冷戦期における米国の対アジア政策が関係している。米国はアジアにおける共産主義の拡

大に対抗すべく、台湾を「反共の砦」の一つと位置付け、1950年代から60年代まで多額の援助をおこなっており、その一環として多くの優秀な台湾人が米国政府の奨学金を得て米国の大学に留学した。台湾の内政部移民署の資料によると、米国への留学生は1960年代以降増え続け、1993年には3万7,580人とピークに達した。現在北米に居住する台僑は、多くが卒業後に帰国せずに定住した元留学生と考えられ、台湾は二重国籍を実質的に認めていることから米国への帰化者も含まれる。なお、現在でも米国は台湾人の最大の留学先で、教育部の2017年4月末のデータによると、主要国における台湾人留学生の人数は米国2万1,127人、日本9,642人、英国3,920人、カナダ3,202人、ドイツ1,755人、フランス1,004人の順となっている。

　一方、東南アジアの台僑は投資移民である台商を中心とする。東南アジアの台僑はインドネシア20万人、タイ15万人、ベトナム8万人と推計されている。東南アジアへの台商の進出は、1970年代から台湾の経済発展とともに徐々に増加し、1990年代以降は南向政策の後押しもあって拡大した。しかし台湾から東南アジアへの移住は戦後に始まったわけではなく、戦前の日本統治時代にも台湾総督府の「南進政策」のもと多くの台湾人が東南アジアに渡っている。日本の敗戦によって、戦後はその多くが望むと望まないとにかかわらず台湾へ帰国したが、タイでは台湾人が現地に残って事業を続けることが許され、戦後の台商の基礎を築いた。

日本統治時代の「南進政策」と台湾人の進出

　南進とは戦前の日本の「南方」に対する関与全般を指し、その対象は「南支（華南）」と「南洋（東南アジア）」に二分される。日清戦争で台湾を獲得した当初から、日本はその地政学的な価値に鑑み、台湾を南進の拠点とする意図を持っていた。南進は明治、大正、昭和の三度にわたってブームとなるが、国策となるのは日本が戦時体制に入った1930年代半ば以降のことだ。当時華人は東南アジアの経済を実質的に握っており、東南アジアと華南、台湾は、華人の商業ネットワークで結ばれた一体化した経済圏であった。台湾の

漢人の多くはもともと福建省からの移住者で、華南の中国人とも東南アジア
の華人とも言語的・文化的な共通性を持つ。東南アジアに進出した台湾人は
「台湾籍民」と呼ばれ、日本国籍を持つ籍民としての身分と民族的属性を使
い分け、東南アジアにおいて日本人と華人商人を仲介する役割を担った。一
方で、その曖昧な立場は、華人の抗日運動が激しくなるにつれて攻撃も受け
た。

　台湾総督府調査課の資料によると、1939年末の東南アジア在留の籍民は計
1,052人で、内訳はオランダ領東インド（「蘭印」。現在のインドネシア）744
人、英領マラヤ（現在のマレーシアとシンガポール）121人、タイ76人、英領ボ
ルネオ53人、フィリピン34人、フランス領インドシナ（「仏印」。現在のベトナ
ム、ラオス、カンボジア）24人となっている。ただし、これは現地の大使館や
領事館に登録された人数で、実際にはこの数倍の籍民がいたと考えられる。

　籍民の数や規模は、現地の社会状況に左右された。1930年代までの各国の
状況を見ると、フィリピンは、台湾人の渡航が難しかったことと台湾との貿
易が盛んではなかったことから籍民は数が少なく、経済活動も微々たるもの
だった。また仏印ではフランス植民地政府が外国人の経済活動を禁止してい
たため、籍民が活動する余地は少なかった。蘭印は台湾籍民の数が最も多
く、経済活動も盛んであった。オランダと日本の関係が良好だったことに加
えて、蘭印政庁が外資を歓迎していたためである。蘭印の籍民は日本人と同
じく欧州人と同等の特権を得ており、大半がジャカルタなどの都市部で商工
業に従事していた。また英領マラヤの籍民の特徴は、日本資本のゴム園やス
ズ鉱山の労働者が多かった点である。蘭印や英領マラヤの籍民は、華南を経
由した者が多くを占め、現地の領事館に登録せず、日本籍を隠して華僑と称
しているため、実際の活動ぶりに反して正確な数の把握は困難であった。

　一方タイは東南アジアで唯一欧米列強の植民地とならず独立を保ち、太平
洋戦争中は日本と同盟し、南進政策において特別な位置付けにあったことか
ら、台湾人の進出も他地域とは異なる特徴が見られる。タイの台湾籍民は、
1930年代までは数が少なく経済活動も振るわなかったが、台湾総督府の後押

しで1940年代に急増した。彼らは日本の商社と関係が強く、進出が遅かったゆえに組織化され、在留邦人社会に組み込まれて日本のタイにおける経済活動を支えた（玉置2019：32-33）。

戦後のタイの台僑

　台湾籍民は戦後、日本から中華民国へ国籍が変更されたにもかかわらず、東南アジアでは敵国人として日本人とともに連合軍の抑留キャンプに一時収容された。国籍問題が決着した後、そのほとんどが1946年までに台湾へ送還されたが、タイでは200人近くが残留を認められ、「台湾系華人」としてタイの華人社会の一員となった。かれらは高い日本語能力と戦前の日本商社とのつながりを武器に、1950年代の日本のタイ再進出を助けると同時に自らの事業を拡げ、戦後の台商の基礎を作った。戦前タイの台湾籍民は1935年に親睦団体として「台湾公会」を設立していたが、1946年に抑留キャンプから解放されると、同公会の幹部が中心となって台湾同郷会を立ち上げた。同郷会は翌1947年「台湾会館」に改名され、中華民国政府とタイ政府に社団登録して正式にタイの華人同郷団体の一つとなった。これは東南アジアでは唯一の台湾会館であり、戦前戦後で台湾人社会が断絶した他の国には、1990年代の台商の増加により台湾商会が設立されるまで台湾系の華人団体はほとんど存在しなかった。

　戦後のタイにおける台商の進出は二つの時期に分けられる。一つ目は1960年代から1970年代のタイの経済発展の初期に台湾から技術指導のために招聘された技術者である。彼らの一部は契約終了後にタイで独立、起業して台商の列に加わった。二つ目は1980年代以降の投資移民である。台湾内のコスト上昇によって中小の製造業が生産拠点をタイに移転し、南向政策がそれを後押しした。

　前述の『海外台商経済年鑑』によると、2010年から2017年までの台湾からタイへの投資は累計16億ドルに達する。また台商がタイに投資を決めた要因は、市場需要の大きさと労働コストの相対的な安さである。タイは東南アジ

アの自動車製造基地であることから台商も自動車関連の投資が多い。自動車および関連部品製造への投資額は2016年から2017年に240万ドルから900万ドルと3倍以上増加した。しかし近年は金融・保険業への投資が目立ち、2017年は全体の87%に達し、2010年からの累計でも投資額全体の53%を占める主要産業となっている。

　新南向政策スタート後は、駐タイ国台北経済文化代表処（大使館に相当）に2017年4月台湾デスクが開設されたほか、同年9月、タイ台湾商会連合総会の主催と同代表処の協力により「タイ国台湾ハイテクセンター」が発足した。

　タイ以外の東南アジア主要国を見ると、台商のインドネシアへの投資は、戦後インドネシアから台湾に移住した「帰国華僑」（後述）の仲介によって1960年代に始まった。マレーシアは、1950年代以降、多くの僑生が台湾の高等教育機関に留学しており、その卒業生が台商の進出において重要な人的資源となってきた。またベトナムは、ドイモイ政策（1986年〜）による市場開放と台湾の民主化（1987年〜）および対外投資推進の時期が重なっていたため、台商はスムーズに進出できた。

台湾商会の設立とネットワーク

　現在、台商の組織として世界各地に「台湾商会」およびその連合組織が設立されている。1990年代以降、世界各地に進出した台商が自主的に台湾商会を設立し、その後僑務委員会の支持のもと各国で連合組織である総会が結成された。さらに地区ごとの「州連合総会」として北米州総会、亜州（アジア）総会、欧州総会、非州（アフリカ）総会が相次いで発足し、1994年にはそれらを束ねる「世界台湾商会連合総会」が台北で成立した（清水2014：146）。世界台湾商会連合総会の公式サイトによると、現在世界75の国・地域に187の台湾商会が設立されており、そのうちアジアには70（東南アジア60）ある。現在の第27期（2019年7月〜）総会長はインドネシアの台商で、事務局は同国の首都ジャカルタに置かれている。

　前述のとおり、台湾はアセアン諸国とは正式な国交は持たないが、大使館に相当する機能を持つ代表機関（「駐タイ国台北経済文化代表処」など）を設置し、実務的な関係を維持している。各国の代表機関は、台湾商会や台湾会館などの台僑による諸団体と緊密に連絡を取り、現地政府と台商との調整役も担っている。

（二）東南アジア出身の留学生

　既述のとおり、2018年度のアセアン諸国から台湾への留学生は計4万8,612人で、2015年度から2万人以上増加した（表4）。国別ではマレーシアが最も多い。マレーシアからの留学生が多いのは僑生が多数含まれるからである。東南アジアから台湾への留学生はこれまで僑生が中心であった。台湾の国民党政府は、華僑教育（僑教）を僑務政策の重要な一環と位置付け、1951年から世界の華人を高等教育機関の留学生として受け入れてきた。1970年代に台湾は国連での代表権を失い、各国は次々に台湾と断交して中国と国交を結んだ。それでも中国の改革開放政策が軌道に乗る1990年代まで、東南アジアからの華人学生の流れは中国ではなく台湾に向かっていた。特にマレーシアは東南アジアでは例外的に華語（中国語）教育への規制が少なく、公教育において初中等レベルでは華人が華語で教育を受けることが可能であるが、華語大学の設立は1990年代まで認められなかったため、高校卒業後、台湾の大学への留学を選ぶ華人が少なくなかった。

　戦後初期から受け入れが始まった僑生は、卒業後帰国して各地で「校友会（同窓会）」を組織した。1992年にはマレーシアなど東南アジアの校友会を中心とする連合組織「アジア留台校友会連誼会」が設立され、さらに2000年に「世界留台校友会連誼総会」が発足した。僑務委員会の資料では、僑生政策開始から60余年来の卒業生は15万人に及び、世界各地に122の「留台校友会」が設立され、台湾と世界各国の政治、経済、文化面における友好関係の増進につながっている。留台校友会の国・地域別の割合は、マレーシア48％、タ

イ12%、インドネシア10%、アジアのその他地域が19%、南北アメリカ7%、オーストラリア2%、ヨーロッパ・アフリカ2%で、やはりマレーシアが圧倒的に多く、タイ、インドネシアを加えた上位3か国で70%を占める。これらの国では帰国した僑生が現地で一定の社会的地位を得て発言力を持つようになり、台湾の外交にもプラスとなっている（清水2014：144-145）。

　教育部統計処によると、過去5年で僑生は増加傾向にあり、2013年度の在学生が1万8,068人だったのに対し、2017年度は2万8,308万人となり5年で1万人増加した。その約9割が大学の正規生である。これも新南向政策の成果のひとつと言えるだろう。

東南アジアからの帰国華僑

　僑生のほかに、戦後早期に東南アジアから台湾へ移住した「帰僑（帰国華僑）」と呼ばれる人々がいる。第二次世界大戦終結後、東南アジア諸国は欧米列強の植民地からの独立を果たしたが、新たな国民国家形成のなかで、華人の存在は問題視され、反共政策を採ったタイやインドネシアなどでは、華人を通して共産勢力の浸透することを恐れ排華的な政策が採られた。それ以外の国でも政変などによって社会が混乱した。台湾には1950年代から1970年代にかけて、排華政策や政変から逃れるため、インドネシア、旧インドシナのベトナム、ラオス、カンボジア、ミャンマー、香港・マカオ、韓国から華人が「帰国」した。当時の東南アジアの華人の再移住先は、旧宗主国の場合もあったし、中国に戻った者もいたが、華人のなかには、中国大陸出身であっても共産化した中国ではなく台湾を「自由祖国」として帰還先に選んだ人々が少なくなかった。かれら帰国華僑は、台湾で元居住国の名を冠した親睦団体を立ち上げた。最も早いものは1958年に発足した「印尼（インドネシア）帰国華僑連誼会」（のちに「協会」に改称）である。各帰僑団体は、2002年に「中国国民党帰僑連誼会」（のちに「中華民国帰国華僑協会」に改称）のもとに統合され、連携が進んだ（清水2014：155）。

　帰国華僑は、自らの出身地である中国ではなく、自由陣営である「中華民

国」に政治的アイデンティティを持って台湾に移住した人々であり、国民党
政権では僑務政策のなかで重視されていた。しかし2000年以降の民進党政権
は台湾出身の台僑をより重視する政策に転換し、帰国華僑は世代交代が進ん
でいることもあって存在感を失いつつある。現在では東南アジアからの帰国
華僑は後述する「新住民」の陰に隠れて目立たない存在になっており、新南
向政策においても、サービスや活用の対象とは見なされていないようだ。

　では彼らはすでに台湾社会に埋没してしまったのかというと、決してそう
ではない。それを体感できるのが台北市の隣の新北市（旧台北県）にある
「華新街」である。ミャンマーからの帰国華僑が集住する地域で、雲南料理
やミャンマー料理、インド料理の店が軒を連ねる「ミャンマー街」として知
られている。ミャンマー帰僑は1960年代から継続して台湾に移住し、人数も
他地域からの帰僑よりも多い約10万人と推定されている。「ミャンマー街」
は現在、地元の新北市政府によって観光化が進められており、筆者は2019年
9月に初めて訪れた。「ミャンマー街」は台北MRTの「南勢角」駅から歩い
て10分ほどの場所にある。観光化されているといっても、さほど長くはない
通りの両端に「南洋観光美食街」の看板が設置されている以外は一見よくあ
る台湾のローカルな通りなのだが、よく見るとそこかしこに丸っこいミャン
マー語の表記がある。また、レストランの店先には昼間から帰国華僑と思し
い高齢男性たちがミルクティーを飲みながらおしゃべりに興じており、東南
アジアのチャイナタウンの一角に迷い込んだような気分になった。東南アジ
アの食品や雑貨を扱う店もいくつかあり、異国情緒がありながら過度に観光
化することなく生活の匂いがする。ミャンマー帰僑が台湾社会に溶け込みつ
つも、出身地の文化や習慣を維持しようとしていることが感じられた。

（三）東南アジアからの「新住民」

　帰国華僑は戦後の早期から台湾へ移住した人々であるが、東南アジアから
台湾への移住者として近年注目されているのが「新住民」と「外労（外国人

労働者）」である。「新住民」は国際結婚やその他の理由により台湾籍を取得
した人の総称で、東南アジア出身者だけを指すことばではない。内政部移民
署の統計によると、新住民の人口は現在65万人を超え、総人口の約3％を占
めるまでになっている（寺山2019：1）。戒厳令が解除された1987年から2018
年までの累計で、新住民の国・地域別の割合は中国（63％）、ベトナム
（19％）、インドネシア（6％）、香港・マカオ（3％）フィリピン（2％）、タイ
（2％）、カンボジア（1％）、日本（1％）となっている。このように、新住民
は中国大陸出身者が最も多く6割に達し、ついで東南アジア出身者が3割を占
める。

表5　台湾におけるアセアン10か国出身者（2019年6月末現在）　単位：人

国名	男	女	合計
インドネシア	66,373	185,582	251,955
ベトナム	135,699	90,606	226,305
フィリピン	61,543	93,364	154,907
タイ	51,565	13,734	65,299
マレーシア	9,078	8,368	17,446
ミャンマー	633	982	1,615
シンガポール	766	575	1,341
カンボジア	60	105	165
ラオス	13	28	41
ブルネイ	6	10	16
計	325,736	393,354	719,090

（出所）中華民国内政部統計処

　もう一つの「外労」は、台湾で就労する台湾籍を取得していない労働者を
指し、ホワイトカラーも含まれるが、とくに東南アジアからの出稼ぎ労働移
民（「移工」）を指す場合が多い。表5は、2019年6月末現在のアセアン10か国
出身者の在留人数である。合計71万9,090人（男32万5,736人、女39万3,354人）の
うち、インドネシア、タイ、ベトナム、フィリピンの4か国で69万8,466人に
達するが、そのうち「移工」は64万1,885人でアセアン出身者全体の約9割を

占める。

　台湾の政府は1989年10月重大公共建設分野で二国間協定により外国人単純労働者の受け入れを始めた。1991年には事業の一部が民間に開放され、1992年に「就業服務法」が公布されると、外国人単純労働者の数は一気に増加し、就業許可業種もしだいに拡大した（玉置2009：83）。受け入れ制度開始直後の1992年末には約3,000人だった外国人単純労働者は、2018年には64万人に増加した。国別ではインドネシア人（24万人）、ベトナム人（約20万人）、フィリピン人（約15万人）の順に多く、分野別では建築現場など産業労働が41万人、ケアワーカーなど社会福祉が22万人である。出身国によって就業分野の棲み分けが見られるとともに、性別による違いも大きい。タイとベトナムは男性が多いのに対し、インドネシアとフィリピンは逆転している。これは、タイとベトナムは製造業に従事する労働者が多いのに対し、インドネシアとフィリピンは女性のケアワーカーが多いためである。後述の国際結婚の現状と合わせて見ると、台湾社会において出産や介護といったかつては台湾人女性が担っていたジェンダー的役割が、今では中国人や外国人、特に東南アジアの女性によって担われるようになっていることがわかる。

　「移工」の滞在許可期間は当初3年だったが、需要に応じて徐々に延長され現在は最長12年まで延長が可能である。移工は滞在期間が長くなるにつれて台湾人と結婚して新住民に移行するケースも増加しており、新住民とは別の概念であるが、連続したものとしても捉えられる。

「5つ目の族群（エスニック・グループ）」

　台湾の民族構成は「四大族群（エスニック・グループ）」と呼ばれてきた。「原住民、閩南人、客家、外省人」の四つを指し、このうち閩南人と客家は戦前から台湾にいた、いわゆる「本省人」である。ともに漢民族であり、閩南人は17世紀頃から対岸の福建省南部より移住してきた人々で「福佬人」とも呼ばれる。客家は閩南人より遅れて広東省東部や福建省南部から渡って来た人々で、閩南人と元の居住地域はほぼ重なるが言語も文化も異なる。外省

人は、戦後国民党の台湾撤退とともに中国大陸から渡ってきた人々で、出身地は中国各地に及ぶ。原住民はオーストロネシア系の先住民族で、アミ族、パイワン族など現在16民族が政府に認定されている。

2018年の台湾の総人口は約2,378万人で、「四大族群」の割合は、閩南人が74％と圧倒的大多数を占め、客家12％、外省人12％、原住民2％となっている。原住民人口は約56万人である。一方、現在台湾に暮らす東南アジア出身の住民は、新住民が約15万人、労働移民が70万人で、これに「新台湾の子」と呼ばれる新住民の第2世代を足すと110万人近いとされ、台湾の総人口の4％に迫り、原住民より多い。新住民の人口が増加するにともない、「新台湾の子」に対する教育問題も含めさまざまな問題が表面化したことから、政府は2000年代以降、かれらの生活適応を支援するため福祉や教育サービスに力を入れ始めた（横田2016：144-149）。

国立台湾歴史博物館（台南市）において2017年3月から11月まで東南アジア出身の新住民をテーマとした特別展「新台客」が開催されたことは、今後ますます多言語・多文化が進むと考えられる台湾において、平和的な共存が模索されていることを象徴するものであった。

婚姻移民の現状

内政部戸政司の統計によると、台湾人と外国人（中国、香港、マカオを含む）との結婚は、1998年には2万2,905人で全体の15.7％を占めた。以降増加を続け、2003年には5万4,634人と、全体の実に3分の1近くに達したがその後減少に転じた。それでも2018年は2万608件で、約8％が外国人との結婚である。

表6は、2001年から2018年までの台湾における国籍別の婚姻件数の累計である。

表6　台湾の国籍別婚姻件数（2001年～2018年の累計）

国籍	台湾籍	中国・香港マカオ			外国籍			合計
		中国	香港・マカオ	小計	東南アジア	その他	小計	
男性	2,582,170	14,138	5,502	19,640	13,308	41,900	55,208	2,657,018
女性	2,245,145	245,408	6,325	251,733	150,609	9,531	160,140	2,657,018

（出所）中華民国内政部移民署

　2001年から2018年までの結婚登記件数は265万7,018件である。男女別で見ると、台湾人は男性258万2,170人、女性が224万5,145人で、男性が約34万人多い。出身国・地域別に見ると、男性が中国・香港マカオ籍が1万9,640件（0.7%）、東南アジア籍が1万3,308件（0.5%）、その他外国籍が4万1,900件（1.6%）なのに対し、女性は中国および香港・マカオ籍が25万1,733件（9.5%）、東南アジア籍が15万609件（5.7%）、その他外国籍が9,531件（0.4%）となっている。台湾の国際結婚は、台湾人男性と中国人女性および東南アジア出身の女性の組み合わせが多いことがわかる。

　中国人配偶者の受け入れは、1987年の戒厳令解除によって台湾から中国への親族訪問が解禁されたことを受けて、行政院大陸委員会が1989年、外省人が中国に残してきた家族の台湾定住を認めたことに始まる。その後の中台間の経済関係の進展にともない、仕事で中国へ行き中国人女性と知り合った台湾人男性が結婚に至るケースが見られるようになる。一方、東南アジア出身の配偶者は、1990年代に南向政策のもとで東南アジアへの投資ブームが始まって以降、台湾人と現地女性との結婚件数が増加したことに加えて、同時期に受入れが拡大した外国人労働者との結婚も増えた（玉置2009：77）。

　国際結婚の増加は単に知り合う機会が増えたからというだけではない。台湾の超少子化と出生性比（女性を100とした時の男性の割合）のアンバランスによる男性の結婚難が中国や東南アジア女性との結婚の増加の背景にある。台湾の合計特殊出生率は、1970年代前半は4だったが、1980年代前半には2.5に下がり、1990年代には日本と同レベルとなった。2003年には1.24となって日

本を下回り、2007年は1.1まで落ち込み世界最下位となった。台湾の少子化の原因は、所得水準の上昇、女性の労働市場参加率の上昇による経済的自立、女性の高学歴化による晩婚化および未婚化が挙げられる。

　台湾人男性と外国人女性との国際結婚は、仲介業者が介在し問題が頻発したため、2007年11月に営利目的の結婚仲介業者が禁止された。2008年7月には国籍法を改正し、外国籍および中国籍の配偶者が帰化あるいは定住を申請する際の財産証明を廃止した。また従来年間の許可数が定められていた中国人配偶者の定数が撤廃された。台湾人と中国人との結婚件数は2004年に激減して以降、全体の1割程度で推移していたが、2013年頃から減少を続けている。一方で、東南アジア出身者との結婚は増加している。

　婚姻移民は一定の年数を経ると参政権を与えられる。2016年1月に総統選挙と同時におこなわれた立法委員（国会議員）選挙では、国民党の比例代表でカンボジア出身の華人女性が新住民として初当選を果たし大きな話題となった（横田2016：150）。

東南アジア言語の小学校への導入

　新南向政策は、東南アジア出身の新住民の二世を台湾とアセアンを結ぶ貴重な人材と位置付け、母語教育や出身国での研修などを予算に組み込んでいる。

　教育部統計処によると、2018年度の新住民児童・生徒の数は16.7万人で全体の9.4％を占め（前年比1.4万人、0.7ポイント減）、地域差はあるがほぼ10人に1人が「新台湾の子」という状況になっている。このうち、東南アジアにルーツを持つ者は9.2万人で全体の5.1％を占める。

　台湾の義務教育は日本同様、小学校（国民学校）6年、中学校（初級中学）3年の9年間だが、2019年度（2019年8月開始）より高等学校（高級中学）課程の3年間を加えて再編した「12年国民基本教育」制度が正式に始まった（2014年公布。なお高校の3年間は強制的な義務ではない）。

　同制度の目玉の一つが、小学校の選択必修科目に「新住民語文」課程が新

設されたことだ。児童は元からある「本土語文（台湾語、客家語、原住民言語）」に加えて、「新住民語文（ベトナム、インドネシア、タイ、ミャンマー、カンボジア、マレーシア、フィリピン）」の中から一つを選択し、週1コマ（40分）言語や文化について学習する。学校は児童の希望に応じて開講することが求められるが、僻地の学校など自前で開講が難しい場合は、ビデオによる遠隔授業も用意されている。児童の母語習得を助けるだけでなく、母語にかぎらず自由に選択できるため、母語の異なる児童同士の相互理解を促す効果も期待できる。また継続して学習したい生徒がいる場合、中学校、高校では選択科目として開設することができる。

　教育部は新北市と共同で「新住民語文」各国語の入門から各学習段階に合わせた18冊計126冊の教材を編纂し、本格導入を前に2018年度に試験的に50校で使用した。このほかデジタル教材も開発中であるという。また、2,300人の新住民を「新住民語文」カリキュラムの学習補助員として採用する計画である。

　以前から、新住民児童の割合の高い地域では課外時間にインドネシア語やベトナム語を教えていた学校もあるというが、今回、初中等教育カリキュラムに正式に東南アジア諸言語が加えられたことは、新住民の社会参入と地位向上にとって大きな意義があると言えよう。

おわりに

　蔡英文政権の「新南向政策」は、台湾経済の過度の中国依存からの脱却を目指すものである。本章で見たように、経済政策としては一定の成果が認められるものの、中国依存からの脱却は容易ではない。しかしながら、中国の圧力によって外交的苦境にさらされている台湾が対象国との幅広い相互交流を目指すことは、「アジア太平洋地域の多元的な台湾」を唱える蔡政権にとって経済政策以上の意味を持ち、対外戦略の柱としても重要な意義があったと考えられる。

強大化する中国を前に、台湾の政権は、いずれの政党であっても、「中国との距離をどう設定するか」という難問に向き合わなければならない。2020年1月11日に実施された次期総統選挙は、まさにこの「中国との距離感」が大きな争点となり、これまで以上に、中台関係のみならず東南アジアを含めたアジアの政治経済に影響を与えると考えられ、国際的にも注目を集めた。

　与党民進党の総統候補となったのは現職の蔡英文である。蔡英文は経済や内政面で思うように実績が作れなかったことから支持率が低迷し、2018年11月の統一地方選挙で野党の国民党に大敗して党首辞任に追い込まれ、総統再選が危ぶまれていた。財団法人「台湾民意基金会」の世論調査によると、蔡英文の支持率は、就任時の2016年5月には69.9％と非常に高く、国民の期待のほどがうかがえたが、その後は下降を続け、統一地方選挙直後の2018年12月には24.3％にまで落ち込んだ。しかし2019年に入って風向きが変わった。中国の習近平が年頭談話のなかで、台湾の武力統一を排除しないと述べたことに対し、蔡英文はただちに反論し、台湾の民主と自由を守ると強調した。さらに6月に香港で「逃亡犯条例」改正案をきっかけに始まった政府への抗議活動をめぐって、香港市民への支持を表明するとともに、台湾は決して「一国二制度」を受け入れないと明言した。こうした強いメッセージが評価されて蔡英文の支持率は上昇に転じ、6月には支持が47.7％、不支持が43.6％となって、約1年半ぶりに支持が不支持を上回り、その後も支持を伸ばした。

　蔡英文の対抗馬となったのは、2018年11月の統一地方選挙で注目を浴び、長年民進党の牙城と言われてきた南部の高雄市長に当選した国民党の韓国瑜である。韓はポピュリスト的な手法で人気を集め、2019年7月の党内予備選で「鴻海（ホンハイ）精密工業」創業者の郭台銘らを破って国民党の総統候補に選ばれた。「第三極」として出馬が取りざたされてきた台北市長の柯文哲は、2019年8月6日に新党「台湾民衆党」を設立するとともに、同月末に郭台銘と協力することを発表したが、郭の出馬断念に続いて、結局出馬を見送った。

　蔡英文と韓国瑜という二大政党の候補に加えて、2019年11月に親民党主席（党首）の宋楚瑜が副総統候補を含むと5度目となる出馬を表明し、総統選は三者の戦いとなった。その結果は、有権者の台湾の民主に対する危機感の高まりを受けて、対中強硬派の蔡英文が史上最高の約817万票（得票率57％）を獲得し圧勝した。「中国寄り」とされる他の2人の候補は、宋楚瑜が60万票の得票に止まっただけでなく、韓国瑜も香港問題に関する失言や国民党内の分裂などによって当初の勢いを失い、蔡英文に260万票もの大差をつけられて惨敗した。総統選挙と同時に実施された立法委員選挙でも、民進党が単独過半数となる61議席を獲得し、蔡英文は1期目に続いて政権基盤を確保した。白熱した選挙戦を反映して、投票率は前回を8％以上も上回る75％に達した（石原2020：1）。

　今回の総統選挙においては米中関係の動向も無視できない要素であった。米国のトランプ政権は、一貫して台湾を重視する姿勢を示してきた。蔡英文が2019年7月に中南米の友好国を歴訪した際も、往復の米国立ち寄りにさまざまな好意的な処遇を与えたことが注目された。また、中国政府の強い反対にもかかわらず、トランプ大統領は2019年8月、F-16V型戦闘機を含む80億ドル相当の武器を台湾に供与することを正式に決定した。これらの措置は、米国の蔡政権に対する明確な支持と理解できる。また激化する米中貿易戦争によって、台商が中国で製造して米国に輸出している製品にも関税負担が増加することから、台商は対中投資を再考し、生産拠点を東南アジアや台湾に移転させる動きも出ていた。

　本章で取り上げた新南向政策の推進において活用が期待されている人的資源は、台湾の多様化、多元化を体現するとともに、「中華世界」の広がりや変容を示す一例である。2019年度に始まった東南アジア言語の初中等教育への導入は、新南向政策の一環という面はもちろんあるが、それだけでなく1990年代から段階的に進展した台湾の民主化と本土化の流れにも位置付けられる。

　戦後の台湾では、国民党の一党独裁による権威体制化で、「中国化」を基

調とする教育がおこなわれていた。つまり、台湾本土の歴史や言語、文化ではなく、中国の伝統的な「中華文化」や歴史が学ぶべき規範として機能していたのである。しかし、1970年代の外交的孤立のなかで台湾の人々は台湾としての主体性を希求するようになり、さらに1980年代末の戒厳令解除によって、台湾という土地に根差した「本土文化」を自らのアイデンティティの核と見なす人々の政治的発言力が高まった。1990年代にはそれまで学校教育で排除されてきた「本土」、すなわち台湾の歴史や文化、言語を学校教育に含める動きが起こり、李登輝政権下の義務教育カリキュラムの改訂で郷土教学活動（小学校）と「認識台湾」（中学校）という二つの必修教科が新設された（菅野2011：378-381）。1990年代に実現した台湾の「本土化」は台湾社会の多元化を促した。その後の台湾から中国および東南アジアへの進出と、新住民の流入という双方向の人の移動を通じて、台湾はより開かれた多元的な世界へと変貌した。

　もっとも新住民や外国人労働者は最初から台湾社会に好意的に受入れられたわけではなく、2000年代前半には、人権侵害や差別などの問題が顕在化した。それに対し、民間団体や政府が連携して取り組み、徐々に彼らへの支援と社会統合が進められた。

　台湾へ行ったことがあれば、街角で車いすの高齢者を世話する東南アジア出身の女性の姿を見かけたことがあるのではないだろうか。台湾の鉄道の玄関口・台北駅の中央コンコースは、休日ともなると、朝から彼女たちのような外国人労働者の集会所と化す。筆者が2019年2月に訪れた時は、駅構内だけでなく駅前の広場に仮設ステージが設けられ、インドネシア人のカラオケ大会と思しきイベントが開かれており、周囲には、イスラム教徒が飲食できるハラール認証のシールの付いた惣菜やお菓子、雑貨を売る屋台も出て大変なにぎわいだった。駅の構内や広場が公共の場でありながら、外国人労働者に開かれた空間となっていることに驚かされると同時に、もし、これが日本だったら、と考えずにはいられなかった。

　国連が2019年3月20日に発表した「世界幸福度ランキング2019」による

と、台湾は世界156か国・地域中25位と上位にランクされた。同ランキング
は、国民1,000人に「どのくらい幸福だと感じているか」を質問した調査に
加えて、「一人当たりGDP、社会的支援、健康寿命、人生の選択の自由、社
会的寛容さ（最近寄付をしたか）、社会の腐敗度」の6項目を基準に「幸福度」
を数値化したもので、台湾は、2016年の35位、17年の33位、18年の26位と、
年々順位を上げている。近隣諸国では、日本は58位で、前年より四つ順位を
下げたほか、韓国が54位、香港が76位、中国が93位であった。

　もちろん「どのくらい幸福か」に対する答えは、主観的であるだけでな
く、文化や宗教観に左右されやすく、このランキングはあくまで一つの指標
にすぎない。それでも、台湾が日本よりも「幸福」とされるには、それなり
の理由があるにちがいない。筆者は、その一つに、外国人労働者の受入れに
見られる、台湾社会が持つ包容力や寛容性があるのではないかと考える。

　2020年1月の総統選挙で勝利したことで、新南向政策を含めた蔡英文の4
年間の施政は有権者から一応評価されたということになる。しかしながら、
今回の総統選挙は「中国要素」が最大の争点であり、蔡英文は内政や経済政
策などで多くの課題を抱えている。また、総統選挙後に深刻化した新型肺炎
の感染拡大は、台湾経済にも少なからず影響を与えると見られる。一方で、
新型肺炎によって、台商が中国から台湾もしくは東南アジアなどへ生産をシ
フトする動きが強まり、中国依存からの脱却が進むことも予測される。2020
年5月にスタートする2期目の蔡英文政権においても新南向政策は継続され
ると考えられるが、どのような具体策が採られるか、今後に注目したい。

【参考文献】
石原忠浩「速報　総統選挙：蔡英文総統が圧勝で再選！　立法委員選挙も民進党が単
　　独過半数獲得で完全執政へ！」『交流』2020年1月号、公益財団法人日本台湾交流協
　　会。
清水純「台湾と東南アジアを結ぶ華僑・華人の社団組織」清水純・潘宏立・庄国土編
　　『現代アジアにおける華僑・華人ネットワークの新展開』風響社、2014年。

菅野敦志『台湾の国家と文化 「脱日本化」「中国化」「本土化」』勁草書房、2011年。

玉置充子「台湾の『中国籍配偶者』を取り巻く状況」『海外事情』2009年1月号、拓殖大学海外事情研究所。

玉置充子「台湾人の東南アジア進出の歴史的展開——1930〜1940年代のタイを中心に」『拓殖大学台湾研究』第3号、2019年、拓殖大学海外事情研究所附属台湾研究センター。

陳燕南「台湾の僑務政策」『海外事情』2005年1月号、拓殖大学海外事情研究所。

寺山学「林麗蟬・立法委員特別インタビュー」『交流』2019年5月号、公益財団法人日本台湾交流協会。

山崎直哉「蔡英文政権の新南向政策と教育」『東亜』第594号、2016年。

横田祥子「東南アジア系台湾人の誕生：五大エスニックグループ時代の台湾人像」陳来幸・北波道子・岡野翔太編『交錯する台湾認識　見え隠れする「国家」と「人びと」』（アジア遊学204）勉誠出版、2016年。

中華世界と中国ムスリム

—雲南回族の時間・事象・社会的次元の「意味」に着目して—

首藤　明和

一．問題の所在——中華世界はどのように説明できるのか

　中華世界とは何か……、もとい、中華世界はどのように説明できるのか。

　学問分野を問わず、地域研究では、ローカル、リージョン、グローバルという地理的審級を前提にした分析がおこなわれ、また、社会結合の特徴に応じて、コミュニティ、農村社会、市場、市民社会、国民国家、エスニシティなどの空間表象をともなう用語が用いられる。

　中華世界の素描を試みる際、たとえばネットワークという概念からアプローチすることがある。なぜならば、ネットワークは、地理的審級を他者として言及しつつ相対化し、この審級を縦横に駆け巡るからである。また、ネットワークは、偶発的なコミュニケーションのなかで、ほかにも無数の可能性があるにもかかわらず、過去を想起し未来を予期する一定の枠組みをもたらし、かつ、状況に応じた社会結合の選択をもたらすからである。ネットワークの概念は、さまざまな可能性のなかからコミュニケーションの接続のあり方を選択することや、人びとの繋がりにおいて差異がなければそもそも結合はありえないこと、また、結合するからといって、必ずしも強連結（固定的）かつ安定的（静態的）であるわけではなく、むしろ弱連結（流動的）で不安定（動態的）である“柔”構造を説明するのに適している。すなわち、ネットワーク概念は、融通無碍な姿のなかに強靭な生命力を放つ中華世界を、よく説明する。

　冒頭の問題に戻ろう。中華世界とは何か……、もとい、中華世界はどのよ

うに説明できるのか。本章においては、中華世界とはネットワークである、といったような言明はおこなわない。すなわち、中華世界とは何であるかを正しく記述するという問題には取り組まない。むしろ、ある概念や命題から、中華世界はどのように説明できるのかという問題に取り組む。中華世界に関する存在論的議論よりも認識論的議論に関心があるといえる。たとえば、中華世界は、ネットワークの概念から観察すれば、地理的審級や空間表象を相対化し、柔構造のなかでコミュニケーションとコミュニケーションを接続し継起させていくものとして記述できる、といった具合である。

そこで本章では具体的に、ネットワーク概念に代えて、中華世界は「意味（meaning）」からどのように説明できるのか考察することにしてみたい。

二. 「意味」から中華世界を説明するために
――「意味」の三つの次元への着目

(一)「意味（meaning）」の特徴

私たちが考察したりコミュニケーションしたりする際には、「意味（meaning）」がそれらを媒介する。つまり、意味というメディア（媒介）がなければ、私たちは考えることもできなければ、コミュニケーションに参加することもできない。

N. ルーマンの社会システム理論によれば、意味は、非常にユニークな特徴をもつメディアである（Luhmann, 2002 = 2013：160-179 = 2007：278-306；Luhmann 1997：44-59 = 2009：33-52）。

たとえば、あらゆる意味は意味をもつが、意味だけが意味をもつので、意味の意味は、意味によってのみ説明される。また、意味のない意味はないように、意味はすべての否定を包み込む。さらに、意味のない意味はないということは、換言すれば、意味の外に出ることは不可能であり、したがって、意味の反対概念は存在しないことを意味する。

このように意味とは、きわめて自己言及的な性質をもつ。意味の外から意味が付与されることはないからである。意味は意味自身で意味づけをしなければならない。それゆえ、意味が特定の意味をもつためには、自己言及が不可避的に孕む「トートロジー（無限後退と決定不可能性の循環）」からの遮断が必要となる。たとえば、赤はどうして赤なのか。それは、赤は赤だから赤であるわけだが、もう少し嚙み砕いて説明を試みた場合、意味を色彩という次元に分節化して、さらにその色彩次元を白や黒や赤という構成要素に分節化し、その差異の体系から赤はどうして赤なのかを説明すると、トートロジーを遮断することが可能になる。また、たとえば「あなたにそれを言う権利はない」といった場合、そのひと自身はどうしてそれを言う権利があるのかといえば、権利の意味を分節化して比較優位な権利を析出し、他の権利との比較からそのひととの発言権を正当化するといったことなどである。

　ルーマンは、意味の脱トートロジーに役立つのは、意味そのものを諸次元に分節化し、それぞれの次元に差異を設けることだという。そして実際、意味の歴史的変遷のなかで、意味はそれ自身を時間次元、事象次元、社会的次元の三つの次元に分節化し、時間次元には「これまで（過去）／これから（未来）」、事象次元には「内（これ）／外（これ以外）」、社会的次元には「わたし（自分）／あなた（他者）」といった差異を設けてきたという。意味が意味に言及するなかで、ある意味を特定化するためには、分節化された意味の各次元で、意味そのものを反対地平に定位することが可能でなければならないのである。

（二）時間次元の「意味」

　時間次元の意味の特徴は、ルーマンのリスク論によく説明されている（Luhmann 1991（2003）：23-38＝2014：30-45）。

　ルーマンの社会システム理論では、「リスク」の概念を、コミュニケーション（社会システム）における「決定」と関連づけて把握する。また、リ

スクの反対概念には、「セカンド・オーダーの観察」に基づいて、「危険」を置く。セカンド・オーダーの観察では、ある観察者が将来に起こりうる損害を「どのように」観察したり説明したりするのか、ということが観察される。「観察の観察」である。

　一方、U. ベックに代表されるリスク論では、「ファースト・オーダーの観察」に基づいて、リスクの概念は対象の属性と関連づけられ、リスクの反対概念には「安全」を置く。「それは、ルーマンの言葉でいえば、「何が」という水準に位置する」。ダイオキシンのリスクや投資のリスクといった場合のリスク概念、あるいは「技術的なリスク分析」や「経済学的アプローチ」によるリスク概念なども、ベックのいうような「ファースト・オーダーの観察」に基づくリスクに含まれる（小松 2003：31）。

　ルーマンのいう、セカンド・オーダーの観察による、コミュニケーションの「決定」と関連づけられたリスク／危険の区別は、「未来の損害の可能性」を次のように説明する。すなわち、それがリスクとみなされるのは、「みずからがおこなった「決定」の帰結とみなされ、そのような決定に未来の損害が帰属される」場合である。一方、それが危険とみなされるのは、「自分以外の誰かや何か（社会システムも含む）によって引き起こされたものだとみなされ、そのように帰結される場合である」。危険が問題になるのは、未来に起こりうる損害が自分自身のコントロールの及ばない原因に帰属する場合である。このように、リスク／危険という区別は、セカンド・オーダーの観察に基づく「帰属の仕方の差異」によるものであり、たんに予期されなかった出来事が起こったり、損害がもたらされたりすることを表しているのではない。それゆえ戦略的に帰属を「自己帰属／外部帰属」として構成（観察）することも可能になる（小松 2003：31-38）。

　リスクが「決定」に関連づけて観察されることで、「現在」の「決定」に対する「未来」の依存の高まりが観察されるとともに、「現在からみた未来（現在的未来）」と「未来における現在（未来的現在）」との差異の拡大も観察される。「未来」の規定不可能性は、それぞれの「現在」において下される

「決定」への依存性＝循環的な結びつきに求められる。ルーマンは、ある時点での「決定」が惹起する「非同時的なものの同時性」というパラドックスのなかで、時間を観察する（Luhmann 1991（2003）：41-45＝2014：49-54）。

（三）事象次元および社会的次元の「意味」

リスクの時間次元における意味は、「現在」の決定がもたらす非同時的なものの同時的結合に起因するが、実はこのリスクをめぐる矛盾や対立は、意味の社会的次元においてこそ先鋭化する。

社会的次元の意味は、事象次元の意味とは異なる。事象次元の意味では、たとえば「内（これ）／外（これ以外）」を「自動車／飛行機」とした場合、自動車におけるさらなる「内／外」といったその内部構造を分析することもあれば、自動車を飛行機との関係のなかで位置づけ、その関係のなかで示されるものを考察する場合もある。すなわち、対象それ自体を分析したり、対象を他の対象との関係のなかで分類して、その指示関係を分析したりする。

一方、社会的次元の意味では、人間の社会性が問題になる。すなわち、自分自身が観察者であり、同時に、他者をその観察者（自分自身）を観察するものとして捉える。それゆえ、他者は単なる事象ではなく（「これ」と区別される「それ」ではなく）、むしろ、あなたがわたしのためになすべきことをあなたがなすことによって、わたしはわたしのなすべきことが何であるかを考える「自己論理（オートロジー）」のなかに、「わたし（自己）／あなた（他者）」が包まれていることになる。この世界は、わたしとあなたの「二重の地平」にあり、「二重の不確定性（ダブル・コンティンジェンシー）」のなかで秩序づけられる世界である。そこでは、自己と切り離された他者を詳しく分析してみても、あまり多くのことはわからない。むしろ、わたしのことを観察している他者のことを観察することで、自分のなすべきことが発見される世界である（Luhmann 2002＝2013：175＝2007：299）。

先のリスク論でいえば、ルーマンは、リスク／危険の区別に応じて、「決

定者」／「被影響者」を区別している（Luhmann 1991：111-134＝2014：124-147）。この区別は、事象次元ではなく、主に社会的次元の意味にかかわっている。あらゆる決定において、決定者と被影響者（決定に参加しておらず、決定結果を甘受するほかない人びと）の二つの立場が生み出される。決定者がある時点に下した決定による将来の損害の可能性は、決定者にとってはリスクとして現象するが、被影響者にとっては自分たちが被ることになるかもしれない危険として現象する。決定者と被影響者という社会的次元の差異は、同じひとつの出来事に対する異なった意味づけを惹起し、将来の損害の可能性に対する人びとの働きかけや社会的連帯についての異なった形式を発展させていく（小松 2003：47-49）。

　決定者と被影響者のひとつの出来事への異なる対応は、出来事のレベルでの自己言及、すなわち「基底的自己言及（Luhmann 1984：600-601＝1995：807-808）」から説明される。以前の出来事と以後の出来事の時間次元における接続は、以前の出来事が条件となり次に接続する作動の可能性を限定することで可能になる。この出来事の時間次元における不可逆性の内容に関しては、自己と他者（社会的次元）の間で、必ずしも意見が一致するわけではない。ここには、「時間結合」による非同時的なものの同時化がもたらされ、社会的次元に生じる緊張関係が観察される（小松 2003：47-52）。

三．中華世界のなかのムスリム――回族

　「意味」から中華世界はどのように説明できるか。この問題に取り組むにあたって、「意味」の三つの次元から観察することができるコミュニケーション（中華世界との交渉）について、とくにここでは、中国のムスリムである回族がおこなってきたコミュニケーションに着目してみよう。

（一）母語と故郷を喪失していくなかで形成された民族

中華世界からみて、東アジアにおける中華－夷狄（異民族）の関係は、国際的な枠組みであるとともに、国内の枠組みでもある。中国に住みついた異民族は、たとえば蕃客や胡人などと呼ばれたが、彼ら彼女たちは、国内（中国）をどのように生きてきたのだろうか。回族を取りあげて、この問題を考えてみよう。

中国の公式な見解（民族識別工作）では、イスラームを信仰する民族は10あるとしている。回族はそのうちのひとつである。人口は約1,058万人（2010年人口センサス）で、漢族、チワン族に次いで人口が多い。回族祖先の来住の波は大別して2度あり、唐と元の時代に、アラビアやペルシア、中央アジアなどから移り住んできた。その後、中国での歴史を経て、故郷と母語を喪失していくなかで、民族としての回族を形成してきた。中華人民共和国成立後、その特殊な信仰と生活習慣ゆえに民族として認定され、現在では、宗教信仰の有無を問わず、血縁的に両親の一方が回族であれば、回族として認められる（張1993）。故郷や母語といった「起源（roots）」よりも、中国で生きてきたその歴史的な「経路（routes）」が、民族としての回族を形づくってきたのである（rootsやroutesに関する議論はBhabha（1994）やClifford（1997）などを参照）。

以下、張承志『回教から見た中国』（1993）から回族の歴史を概観しよう。

まず、7世紀半ば以降の唐の時代、西アジアや中央アジアなどからは、天山山脈の麓を通る陸路（シルクロード）や、インド洋を渡って広州に向かう海路を伝って、多くのムスリムが中国へやって来た。

唐の都、長安は、シルクロードの拠点である。当時、世界の文化と商業の中心地として隆盛を極め、無数の文物を吸収しながら、新しい中国文化を創り続けた。インド、ペルシア、アラブなどから伝来した音楽や舞踊などが流行し、なかでも宗教は仏教、道教、景教、拝火教、摩尼教、イスラームなど大小さまざまの寺廟、教会、モスクが立ち並び、国際色豊かな風情を醸し出

していた。一方、海路の拠点、広州は、三国時代の呉の孫権によって開発され、唐代にはすでに世界に名だたる貿易港に発展していた。アラブやペルシアからの胡商に対して、唐は不検閲や低税率など自由貿易政策を採った。広州には数十万にのぼる外国人が定住した。裕福な胡商が輩出して高利貸しなど金融業を営み、後々まで国の財政を動かすほどの力を持った。彼らの建立した懐聖寺は現存するモスクのなかで最も古い。宋代になると海路はさらに発展し、泉州をはじめ揚州や杭州なども世界的な貿易港として繁栄し、多くのムスリムが住みついた。

　唐王朝は外国人に対して、国籍、身分、職業にかかわらず、信仰、結婚、永住、所有、相続、経済活動の自由を与えた。たとえば、入国、滞在、土地売買などで本国人と外国人のあいだには差がなかった。唐王朝は坊里制度で都市を区画したが、外国人である「蕃客」たちには「蕃坊」を設置して住まわせ、居住の安全を保障した。さらには、イスラームの政教一致に配慮して、「都蕃長（裁判官）」を彼らに選ばせ、イスラームの風俗習慣による居住区内の管理をおこなわせた。唐王朝の開明的な政策に呼応して、ペルシア、アラブ、中央アジアなどからはさまざまな職業をもつ者が絶えず唐へやってきた。またアラブは、唐王朝の要請に応えて軍を唐に派遣し内乱の鎮圧に加勢したが、その後、大勢のアラブ軍人が長安の南に与えられた居留地（沙苑）に留まった。

　中国に住みついた西アジアや中央アジアの外国人は蕃客や胡人と呼ばれた。その後裔は「土生蕃客（現地生まれの蕃客）」と称された。唐王朝は彼らに結婚と姓氏の自由を与えたが、結果的にこのことは蕃客や胡人の祖国喪失を招来した。中国人女性との混血が進み、中国風の名前への改姓とともに、中国化が促進された。非ムスリムの蕃客や胡人のなかには種族、出身地、母語などを忘れ、完全に漢族と溶融した民族もいた。他方、信仰と生活習慣を守り続け、漢族にすべて溶け込まなかった人たちもいた。

　時代は下って13世紀、モンゴルと名付けられた北アジア草原の武装した遊牧民は、チンギス・ハーンの号令の下、西アジアや中央アジアの各地を大侵

攻した。多くのムスリムは、技術者、職人、商人、官吏、奴隷、あるいは新たに軍に編入された兵士として、中国まで連行された。

　唐代の自由に溢れた国際移動とは対照的な大移動であった。技術や文化の面で劣っていたモンゴルにとって、金や南宋の前王朝を倒し、元朝を打ち立てるにあたっては、連行したムスリムだけでなく、すでに中国に定住していたムスリムたちからも得た政治、財政、技術、軍事諸方面での援助が、たいへん大きな力となった。

　元朝成立後、各省州県のモンゴル長官は、「回回（人）」と呼ばれたムスリムたちを身辺に配して統治をおこなった。唐代は長安や海港にムスリムが集住したが、元代では全国各地の行政区に配属され、至る所に回回人が住みついた。「回回は天下に遍し」と今でもいわれるゆえんである。元代の身分制（順にモンゴル人、色目人、漢人、南人）のなか、西域から中国に来た何十種族もの人びとは色目人と総称された。回回人は色目人の筆頭として、とくにその上層は財政面で重要な役割を果たした。一方、下層の回回人は、商業や農業に従事した。制度上、彼らは色目人筆頭とされたが、その一方で、スンナ（ムハンマドの言行に従うこと）や布教が禁止されるなど、モンゴル支配層による回回人への差別は顕著だった。また、都市の回回人の大部分は「下九流（小売、職人、屋台店、運送業など）」と呼ばれる職業に従事する貧民であった。農民の場合も他の民族とほとんど区別なく貧困に追われた。こうした背景からか、元末の反乱では、先の宋朝の滅亡時と同様、ムスリムが大きな役割を果たした。明朝を建てた朱元璋の身近な将軍たちや明朝建国時の軍隊は、回回人を中心に編成されていた。

　元代の回回人たちもまた、漢族や先住のムスリムたちと混血を進めながら、次第に母語を喪失し中国語を話すようになっていった。このように回族の原型は、西アジアや中央アジアの故郷や母語を喪失するなかで形成されてきた。イスラーム信仰において漢族と自らを区別しながら、「祖国中国」を生きてきた人びとである（張1993：1-46）。

（二）中華世界との交渉

　中華世界との交渉において、中国ムスリムは、明代になると漢人名を名乗るよう求められ、また、母語での会話が禁止されたりもした。明朝後期になると、宗教言語と生活言語の分離は明らかで、中国イスラームの教門危機や教門衰微をもたらした。他方、科挙に合格し官僚になる者も現れ始めた。たとえば潘宏立（2005）は、福建省南部回族村落の現地調査から、中国ムスリムの中華世界との交渉について、次のように報告している。

　現在、広東省、福建省、浙江省といった東南沿海部において大規模回族村落は福建省にしか存在しない。たとえば、晋江市陳埭鎮に属する七つの行政村は、共通祖先をもつ丁氏回族の村落群で人口2万2,000人を超える。また、恵安県百崎回族郷の五つの行政村は共通祖先をもつ郭氏回族の村落群で、郷人口の9割以上を占め1万3,000人を超える。丁氏と郭氏は宋や元の時代に海路で泉州にやってきたペルシアやアラビアの商人の後裔とされる。元代の泉州では、政治、軍事、経済の支配権はムスリム官僚が掌握していた。しかし元末明初になると、漢族はかつての異民族支配に対する復讐を激しくおこない、ムスリム官僚を打倒しただけでなく、泉州城内に住むムスリムを虐殺し、墓地やモスクを破壊した。泉州ムスリムは山間部や沿海部の僻地に逃れ、周囲の漢族の観念習俗に適応、同化するなかで、次第にイスラーム的要素を喪失していった。

　丁氏回族の祖先は泉州城での商売を棄てて陳埭地域に移遷してから、民族の出自を隠して戸籍登録をした。明の1494（弘治7）年には、七世祖先が漢族と同様に族譜の編纂をした。族譜では、宋代の漢族の文人で同姓の丁度を祖先として編入し、祭祀の対象とした。明代中期からは豚肉の食用も広がり、「皇帝から賜ったものである」という伝承を設けた。儒学の受容も進み、祠堂や祖厝を建てて祖先崇拝をおこなった。また、仏教や道教の仏神崇拝も広まった。

　郭氏回族の祖先の歩みもほとんど変わらない。始祖は明の1376（洪武9

年に百崎に移住した。1432（宣徳7）年、始祖死去の10年後、初めての祠堂を建てている。祠堂は、始祖の祖父が官職を有していたことから、官僚を輩出する一族しか建てられない「家廟」の格が認められた。今日まで、家廟は祖先崇拝の場として、一族の団結を促進してきた。族譜の編纂も早く、1436（正統元）年におこなっている。先祖の出自を隠すために、唐代の名将で漢族の郭子儀を遠祖としている。16世紀後半、明の万暦期になると漢化がさらに進み、イスラーム式の墓も姿を消した（潘 2005：59-72）。

　明朝後期には、こうしたイスラームの教門衰微（イスラームの漢化）を救うために、経堂教育（寺院教育）が機運に応じて生じたとされる。教堂教育とは、清真寺（モスク）でアラビア語やペルシア語を用いてイスラーム経典を伝授し、宗教に通じた人材を養成する宗教教育のことである。後世において経堂教育は、教義、教理、経文に精通した宗教人材を育成し、中国におけるイスラームの伝播、延続、発展に大きな役割を演じたとして評価されている。その一方で経堂教育とは、一種の宗教教育として、典籍を伝習し宗教後継者を養成することを主要な目的としており、アラブの宗教教育と中国の私塾教育が結合した産物だといえる。それゆえ、教育制度としては十全ではなく、とくに統治者による同化政策に反対して、漢文化に対する盲目的排斥を形成したことで、かえって中国ムスリム文化の閉鎖性と後進性をもたらしたとして、否定的に評価する向きもある。加えて、経堂で経を講ずる際に用いる経堂語は、特定の地域で特定の宗教用語として用いられ、日常の交流を満足に満たすこともままならなかった。経堂教育の局限性は明らかであり、とくにイスラームの対外的な宣教や解釈の面でその局限性はなお一層明らかだった。経堂教育が興ってから、教門の危機は、ある側面では改善をみたかもしれないが、他方で、明末清初に至っても、イスラームの対外的な宣教や解釈においてほとんど何の進展ももたらさなかったといえる（許2013：16）。

　なお、明末から清にかけて、教門衰微を是正するため、次節で述べるように、アラビア語やペルシア語のイスラーム典籍を儒家思想の概念と漢語を使って再解釈する漢文イスラーム文献が多く著わされた。その意味でも、中

国ムスリムはイスラームを信じながら、皇帝の命に服従する"順民"として中華世界を生きてきたといえよう。

　他方、18世紀には中央アジア経由でスーフィズム系統の学統が伝わり、「門宦」と呼ばれる数々のスーフィー教団は西北地方の貧しいムスリムに影響を与えた。とくに、ジャフリーヤ派の開祖馬明心は"旧教"と対立して、清朝の介入を招く。18世紀末と19世紀半ばに相次いだジャフリーヤ派の反清蜂起や、19世紀半ば雲南でのムスリムと漢人間の鉱山利権争いを発端としたムスリム杜文秀の蜂起などは、いずれも清朝によって徹底的に弾圧され、ムスリムの人口は激減した。生き残った者は不毛の地に強制移住させられたり奴隷にされたりと、差別と監視の下に置かれた。中華人民共和国成立後、1950年半ば以降から70年代にかけての政治動乱では宗教活動は徹底的に否定された。各地で清真寺やゴンベイ（聖者廟）が破壊され、宗教指導者（阿訇^(アーホン)）や宗教学生は「階級の敵」とみなされ労働改造に送られた。改革・開放以降は宗教を復興させ、民族自覚を促す動きも盛んであるが、宗教活動はなお政府の監視と干渉の下にある（松本 2012：20-22）。

四．中華世界での回族の共生の作法
——雲南保山回族と馬注を例にして

　本節では、中国雲南保山回族の事例を整理し、「意味」から中華世界を説明するための準備を更に進めることにしよう。

（一）調査地の概要

　調査地は、雲南省保山市隆陽区郊外に位置するH鎮B行政村のなかのY自然村と、Y自然村に隣接する馬家庄（自然村）である。当地では年鑑や地誌などの刊行物で、行政村と自然村という名称が、実態概念として用いられている。おおよそ、人民公社時代の生産大隊が行政村に相当し、生産小隊（小

組）が自然村に相当する。

　保山市は、雲南省南西部、大理市から南西200kmに位置する。市は隆陽区、および騰衝、龍陵、施甸、昌寧の4県、さらに72の郷・鎮、街道弁事処からなる。市南部は一部ミャンマー国境と接し、その国境線は167.78kmに及ぶ。面積は19,637km^2、2008年現在、人口は248.22万人であった。少数民族は37民族（2001年）、人口24.98万人で市人口の10.06％を占める（2008年）。回族人口は2001年1.27万人、2008年1.34万人であった（中共保山市委党史地方志工作委員会編 2009：29）。

　隆陽区は保山市政府の所在地で、総面積5,011km^2、人口約88万人、少数民族人口は12.26万人で総人口の14％ほどを占める。回族の人口は3,800人ほどである。この地は、古くから永昌の名で親しまれ、滇西部の政治、経済、文化の重鎮として栄えた。古代、哀牢国の首邑が置かれたことに遡り、その後、前漢（西漢）紀元前109（元封2）年には不韋県が、後漢（東漢）紀元69（永平12）年には永昌郡が置かれた。当時、永昌郡は全土で第二の大郡として知られ、中国でも最も古い歴史を誇る国際通商路「蜀身毒道」の喉元にあって、滇西における南方シルクロードの要衝の地として栄えた。駅制の下で駅家（宿場）が置かれ、人びとが行き交い、物産が集散する市場町として発展した。永昌は歴代、滇西の穀倉地帯としても名を馳せてきたが、現在の隆陽区もまた農業大区として、煙草、養蚕、蔗糖、コーヒー豆などを栽培し、さらには豊富な鉱山資源にも恵まれて、金、亜鉛、銅、鉄などを産出している。

（二）明清四大イスラーム漢文訳著家の馬注を通じたまちおこし

　今世紀に入って、ミャンマーへ繋がる高速鉄道の建設が本格化し、明清四大イスラーム漢文訳著家のひとり、馬注の故郷のY村一帯でも、駅舎建設と駅周辺の都市建設が始まった。2011年時点で、Y村には200人近くの回族が住んでおり、先祖代々、毎年ラマダンが終わると、Y村に隣接する馬家庄の馬注の墓へ参り、先賢の遺徳を偲んできた。2009年7月、鉄道敷設にともな

い、馬注の墓は山麓から山腹へと移転された。回族はこの墳墓移転に際して、代替地や費用の支援を保山市政府から得ただけでなく、馬注思想に対する非ムスリムからの関心も獲得した。同年8月には、政協隆陽区委員会の主催により、「雲南保山隆陽馬注文化検討会」が立ち上げられ、学術研究を通じた定期的な交流が本格化した。また、新駅舎前の広場には、回族文化の発揚と観光客誘致のために、300畝（約20ha）ほどの敷地に、文化・商業総合施設「馬注文化園」を建設することを決めた。

　中学校教師をしながら馬注文化園計画建設委員会や馬注研究会の世話役を務めているD氏はY村の住民である。D氏は次のように語っている。「現在の国力隆盛や経済繁栄の時期にあって、馬注文化を人びとに伝え、民族文化を発揚し、保山文化を生かした観光業など地方経済を振興することは、和諧社会の実現にとって大きな意味がある。各界人士が馬注に寄せている期待は大きい。保山市長は、このたびの再開発にあたって、馬注墳墓の移転先と移転費用をすべて負担してくれた。そればかりか、イスラーム文化に対して多大な関心を寄せてくれている。彼は雲南大学の前学長で文化人市長だから、私たちもたいへん期待している。雲南省政協副主席で省イスラーム教協会会長は、人びとが団結し地方政府と協力して馬注文化を形成していこうと呼びかけている。中国回族研究会会長は、馬注は国際的影響力をもつ人物で中国人の誇りだと述べている。元全人大代表の雲南の大阿訇は、馬注が私たちのもとを去って久しいが、彼の『清真指南』は中国イスラーム教史と我々の心のなかで永遠に不朽だと述べられた。2009年8月9日正午には、このY村清真寺で朝真殿落成を祝う式典が催された。この式典において、大理州イスラーム教協会副会長は、Y村の人びとに対して馬注の精神をみなで学ぶことを求めた。すなわち、敬虔、勤勉、イスラームの教えを社会に適応させること、愛国愛教、そしてイスラーム文化精神の発揚と宣伝である。確かに、歴史上、教徒のなかでも争いがあったが、私たちムスリムはアッラーの下にひとつである。そして、中華民族の一員として、中国の発展と安定に寄与するものである」（2011年2月11日と12日、筆者によるインタビュー調査から）。

　2009年8月に開催された「雲南保山隆陽馬注文化検討会」について、その開催に至るまでの一連の流れをD氏の説明から整理しておこう。まず、同年3月下旬に、馬注文化園計画建設委員会が発足した（その活動内容は、D氏編纂の資料集（馬注文化園籌建組編2010）に詳しく紹介されている）。馬注文化園建設計画の概要は以下のようなものであった。Y村にイスラーム風の馬注記念館を建設して、馬注の塑像や復元した故居、馬注にまつわる文物などを展示する。新たにイスラーム風の朝真殿（礼拝室が置かれる）を建設する。イスラーム料理の飲食街や回族産の物産を販売する商店街を建設する。さらには、民族文化風情園を建て、保山の各民族の民俗も展示する。馬注文化園の建設にともない、馬注の陵墓は移転して修繕する。保山のイスラーム教協会および回族学会の事務所や、ムスリムのためのホテルを建設する。銀行、保険会社、病院なども建設する。馬注文化園の敷地面積は200〜500畝で、必要な資金は3,000万元だが、この資金は上級政府からの補助金や他からの投資、自己資金などで賄う。

　計画建設委員はY村に現存する資料とともに各方面から資料を収集して、馬注思想の研究を開始した。『辞海』や学術雑誌『回族研究』に掲載された論文から馬注の生涯について理解を深め、また、村で保存されていた『指南要言』1冊、経典数冊、同治九年木刻版『清真指南』1部、『清真指南訳注』2部、『回族文化論集』1冊を整理し取りまとめた。さらに、村の古清真寺に植えられていた樹齢100年を超える棗と金木犀、それに墓石や卓、椅子などの文物の保存に努めた。

　同年3月16日、Y村において現地視察および研究会が開催され、隆陽区の党副書記や宣伝部部長、区政府の副区長など、党、政府の幹部が参加して、馬注文化復興事業に対する見解を発表した。この現地視察と研究会には、保山テレビ局、区政治協商会議、旅行局、民族宗教局、建設局、発展改革局、文化体育局、司法局、史誌局、文化館、イスラーム教協会といった政府各部門の関係者、および地元の街道弁公室や社区居民委員会、村民委員会などの代表者、さらにはY村清寺の代表者などが参加した。総勢41名の幹部や指

導者は、馬注文化園計画建設委員の事業趣旨や進捗状況の報告を受け、文化園建設を隆陽区の観光業と経済発展の契機とすることを確認した。研究会の最後に区党副書記は、10万元の補助金を支給すること、この補助金の使途については観光局が企画を立て、民族宗教局および建設局が共同で文化園建設に当たること、研究会を開催し、国内外の最新の研究成果を吸収しながら馬注文化のブランドを創造すること、発展改革局は資金調達を担当し、かつ、省レベルの党および政府に対して「非物質文化遺産保護」の申請をおこなうことなどを発表した。

　3月20日、馬注文化園計画建設委員は中国回族研究会会長の高発元を訪問した。高会長は、馬注文化は精緻でレベルが高く、その見識は世界に通ずること、それゆえ国内外に広く宣伝していく必要があるが、その行動は慎重に執り行い、資源を無駄使いしてはならないこと、必要に応じて活動の様子を映像に残し、広報に役立てることなどを助言した。加えて、馬注の文化に対する貢献は儒家思想をもってイスラーム経典の解釈をおこなったことであり、それゆえ世界中のイスラーム文化と中国文化の懸け橋としての役割を担えること、さらには、民族の団結と調和の理念こそが馬注文化の要であることが強調され、中国回族研究会として馬注文化園建設を積極的に支援するので、引き続き、保山市および隆陽区の党、政府の協力が得られるよう計画建設委員は努力するようにとの要請がなされた。同日、計画建設委員は雲南省茶協会会長の馬順友も訪問し、文化園建設に向けた激励を受けている。

　8月8、9日、Y村の清真寺朝真殿の落成式が執り行われた。また、馬注文化陳列館が開館し、馬注の新しい墳墓の除幕式もおこなわれた。雲南省各地からムスリムが参加した。17日午後には、雲南保山隆陽馬注文化検討会が開催された。中国回族学会、教育部思想政治工作司、雲南回族学会、雲南大学、雲南民族大学、雲南地方志学会など10名近くの専門家や研究者と、地元保山の研究者、隆陽区党、政府幹部など40名あまりが一堂に会して、馬注思想や、馬注文化による観光業や地域経済の振興について議論が交わされた。会議の後、参加者はY村清真寺、馬注文化陳列館、そして馬注の新墳墓を参

観している（この検討会の内容は政協隆陽区委員会編『委員心聲』2009年第4期で報告されている）。

　その後、2010年6月までに、Y村回族住民から70万元を超える寄付があった。また、雲南省イスラーム教協会からは補助金20万元の支給が決まった。馬注の思想や文物を通じた回族文化の発揚は、保山の再開発事業や観光業の振興と結びつき、党、政府、経済界などで回族内外の人びとを巻き込みながら、地域おこしの大きなうねりを生み出してきた。

（三）経世済民の儒家士大夫として——初期の馬注

　馬注は、明末の1640（崇禎13）年、滇（雲南）の永昌（保山）に生まれ、清の1711（康熙50）年に71歳で没したとされる。幼名は鳳という。母が夢に彩鳳をみて生まれたことから、幼名に鳳と名づけられた。異才の人によくある伝説をともなっての誕生であった。字は文炳、号は仲修、経名（ムスリム名）は郁速馥あるいは賽義特と称した。また自らは、煙波釣叟や天壤逸民を、また晩年には指南老人を名乗った。こうした自称は、明朝の滅亡後に清朝へ仕官することなく、遁世して過ごした自らの姿を表すものだった（堀池 2012：365）（許 2013：12）。

　馬注は雲南の名家に生まれた。馬注は自ら、ムハンマドから数えて第45世子孫であることを名乗っている。また、元代の著名な政治家で雲南平章政事として雲南経営にもあたった、咸陽王の賽典赤・贍思丁の第15世子孫であることも名乗っている。

　馬注は幼年7歳の時、父の馬師孔を失った。父亡き後、祖父の馬雲公は馬注を不憫に思って引き取り、格別の情をもって教育に心血を注いだが、その祖父も間もなく亡くなり、家計は凋落した。後家となった母の呉氏は、機織と農作業を通じて、馬注と兄の馬渥の学業を支えた。兄弟は、ともに張虚白の教えを受けた。虚白は、永暦帝が昆明に明朝亡命政権の南明政権（1644〜62）を建てた際、礼部中書郎の官位に就いた郷紳であった。馬注は1655（永

暦帝9・順治12）年、16歳で院試を受験、及第して秀才（生員）となり府学に入学した。1657（永暦帝11・順治14）年、馬注は推薦によって中書郎、その後、錦衣侍御の官位を授かり、故郷を離れて昆明で官途に就いた。間もなくして、馬注18歳の時、母の呉氏も病で亡くなった。1658（永暦帝12・順治15）年には、清に投降した呉三桂が清軍を引き連れて雲南に攻め込み、翌年初めに昆明を占拠した。永暦帝は一族とともにわずかに残った数百の家臣を引き連れてビルマに逃亡し、世は争乱を極めた。永暦帝は呉三桂の追撃を受け、清軍の猛攻に恐れをなしたビルマ王ピンダレは、永暦帝の身柄を清軍に引き渡した。1662（永暦帝16・順治19）年、永暦帝は呉三桂により昆明で処刑され、明の皇統はここに途絶えた（許 2013：30-33）（堀池 2012：365-366）。

　この時、馬注20歳、永暦帝に従わず、また征服者の清にも帰順せず、昆明において読書生活に入っていた。仕官生活は終わりを告げた。当時、馬注は『隆中吟』という書を著している。そこには儒家思想のみならず、道家思想の影響が色濃くみられ、功名も利禄も「黄粱の夢」に過ぎず、「逍遥自在」に生きようとする心境を綴っている。また『黄帝内経』『霊枢』『洞古経』『人倫風鑑』『皇極経世』『先天図』など道家の書も多く参照している（劉 2009：15）。

　昆明は雲南ムスリムの集住地であり、賽、忽、馬の三姓など、賽典赤、そして鄭和の子孫が多く住んでいた。賽典赤一族の各支系の系譜関係を説明する族譜がよく保存されており、宗親（一族）や姻戚の確認は容易であった。また、元代、賽典赤は昆明に清真寺を新築、再建合わせて12か所建立しており、清初期においてもイスラームが教勢を誇った。馬注はこの昆明に8年近く滞在した（劉 2009：15-16）。

　1665（康熙4）年、馬注26歳のとき、雲南西北の武定に移居して教書を生業とした。武定にも賽典赤の子孫が多く住んでおり、ここでもまた馬注にとって、一族や姻戚を訪ねるのは容易なことであった。武定では、当時、滇の名士として誉れ高い何星文と交友を重ねた。何星文は浪穹（現在の洱源）の生まれで、詩詞に長じており、また音楽を嗜んだ。何星文は白族で、おそ

らく仏教を信仰したであろう。馬注は交友を通じて仏教の知識を得る機会に恵まれ、また仏教の書籍を多く読んだ。しかしそれはあくまでも、経世の学を発展させるためであった（劉 2009：16）。馬注は、武定で『経権』二集を著して弟子の教育に携わった。「三十にして『経』『権』を著して青史に留められんことを期し、亦た已に編集して書と成し、自ら修斉治平、其の至理を得たると謂えり」（『清真指南』巻一「自叙」）。当時の馬注は、未だ伝統儒家の士大夫として、経世済民の志を強く抱いていたのである（堀池 2012：366）。

　1667（康熙6）年、康熙帝は呉三桂などの三藩の隆盛を警戒し、藩の廃止策に着手する。三藩と清朝とのきしみは次第に苛烈さを増していった。馬注は、呉三桂が清朝への謀反を企てて不穏な動きをみせはじめていたことに気づいていた。「時に霖雨止まず。獅石現れ、太華崩れ、彗星出て、赤虹日を貫く。先生曰く、天変上に在り。地変下に在り。上下交々警するは、此れ不祥の徴なり。国、将に危うくして去らざらんとするは、草木と何ぞ異ならんや、と。一六六九（己酉・康熙八）年の春、乃ち滇を離れ、黔（貴州）を越え、楚（湖北・湖南）に遊び、中山（河北）を過りて燕（北京）に之けり」（『清真指南』巻一「郁速馥伝」）（堀池 2012：366）。馬注は、雲南の戦火を避けて北京に向かう。自らの政治思想をもって皇帝や近臣に献策し、それが実際に実施されること、また、度重なる戦で塗炭の苦しみにある雲南の人びとが更なる戦禍に陥るのを救うことを強く望んでいた。馬注、まもなく30歳の時である。

（四）中国イスラーム思想家へ――北京の馬注

　1669（康熙8）年、おおよそ1年をかけて北京に到着した。衣食住では、各地のムスリムの歓待を受けたことであろう。また、各地のムスリムと接触することで、当時の中国におけるイスラームの不均衡な発展や、ムスリムが抱える課題を認識し、中国のイスラームを考える契機となったことだろう。北京でもおそらく馬注は、宗親（一族）の食客として居候し、またおそらく一

族の推薦を得て、安親王岳楽（清太祖ヌルハチの第八子の子）に紹介されたものと考えられる。安親王岳楽は能力重視により広く優れた人材を集め、登用において民族出自にこだわらなかった。馬注と面会の際、安親王は兵家尉繚子の唱える「天官時日、不若人事」の観点から兵法と時運についての考えを述べると、馬注は同意しつつ、加えて自らが著した『烟波釣叟賦』を示しながら、「興亡の柄は、主によるもので、人ではない」こと、また、徳を以て主の喜びを得、而して天下を得ようとすることなど、イスラームの宗教観念を強調した。安親王岳楽は馬注の献言を褒め称え、馬注を庇護して厚遇した（劉 2009：17）。

　1673（康熙13）年、康熙帝より重用されていた安親王岳楽に、雲南の呉三桂討伐の命がくだされ、定遠平寇大将軍に任ぜられて出陣することになった（堀池 2012：366）。安親王岳楽は賢才を集め、ともに雲南へ出征することを請い、とくに馬注に対しては副参謀としての従軍を願うが、馬注は詩を作って自らの志を明らかにし、故郷雲南が戦塵にまみれることを忌避して従軍を拒んだ。呉三桂を討つことに異存はないが、自らが講じた策で故郷雲南の民が殺戮され、そのことで参謀としての栄誉を得ることに耐えられなかったのである。安親王は馬注の才を惜しんで、宗人府の宗学で、兵学や宋明理学を講じるよう手筈を整えた。馬注の講義は、教育経験が豊富で学識が広いことから、門徒は日に日に増えていった。宗人府は明朝の制度を引き継ぎ、1652（永暦帝6・順治9）年に設置された。長官は宗令と呼ばれ、親王あるいは郡王から選ばれる。宗人府は行政機関であるとともに、その下には宗学および八旗覚羅学などの教育部門が置かれ、宗学では漢文で、八旗覚羅学では満洲語で教授がなされた。教師には2両銀ほどの月給が支給され、一家を養うに充分であった。当時、馬注は既に妻を娶っており、その後、世麒、世雄のふたりの息子を授かっている（劉 2009：17）。

　北京で過ごした日々が、馬注にとって、伝統的な儒家知識人から中国イスラーム思想家へと向かう転機となったことは間違いない。『清真指南』巻一「自叙」には、馬注が自らの学問的遍歴を記した以下のくだりがある。「十五

にして文章を業とし、学びて経（世）済（民）を為す。二十にして官途に渉り、情を詩賦に遊ばす。二十五にして道徳を訪い、禅玄を鋒棒す。三十にして『経』『権』を著わして青史に留められんことを期し、亦た已に編集して書と成し、自ら修斉治平、其の至理を得たると謂えり。三十五にして経教を訪聞して天命の従りて来るを知る。日夜鑽研してはじめて前轍を覚り、茫然として身心済うこと無し。是に於いて聞得悟領に困り、明師に諮わり、或いは見、或いは聞きて、著わして『指南』一書を為る」（堀池 2012：368）。

　馬注は、もともと「幼習儒業」（『清真指南』巻一「援詔」）であり、伝統的な儒家士大夫として経世済民を志したが、35歳にして「訪聞」を始めた。馬注は、金台（北京）で最も著名な経師で、清真寺でイスラームを講じていた楊栄業や馬化蛟とも頻繁に交流し（『清真指南』巻一「海内贈言」）、イスラーム経典や教義への理解を深めていった。

　馬注にはイスラーム教学の師匠がいない。むしろ、当時北京で著名な経師や学者に教えを乞い、それらを注意深くまとめていったことに、『清真指南』の大きな特徴がある。『清真指南』は、当時の中国ムスリム知識人、学者、経師たちのイスラーム理解を集大成した書でもあった。

　馬注は、イスラームの経典や文献を広範囲にわたって蒐集した。なかには、明朝の武宗皇帝が秘蔵した『天経問難』も含まれる。既に皇帝がイスラーム経典を扱っていたことがありながら、それが漢語に訳されることなく、儒者によっても見て見ぬふりをされてきた。こうした現状を変えていく必要性を、馬注は強く主張した。漢文訳著家の先人である王岱輿の偉業にも触れながら、アラビア語のイスラーム経典を漢文訳著して「天下万世に教える」ことに、馬注の情熱が注がれ始めたのである（「自叙」）（劉 2009：18）。

　1679（康熙18）年、康熙帝が華南の蠡城に行幸し、その地の清真寺（清真閣）を訪問した。この時皇帝は、モスクに架蔵された天経（イスラーム典籍）に興味をもち、その意味の説明を求めたが、帝の詔に応じてイスラーム典籍を説明できる者は現れなかった（『清真指南』巻一「援詔」）。この出来事が馬注をさらに刺激したことは想像に難くない。その後、経典の漢文訳著に刻苦

勉励して励んだ馬注は、1682（康熙21）年、帝に「請褒表」を呈上し、隋の開皇年間に初めてイスラームが入貢したことの記述から始めて、イスラームの中国での貢献や、宋、元、明の時代の朝廷からの褒賞について述べ立てた上で、ムハンマドは孔子のごとき聖人であるから、この度も朝廷によって、孔子と同様にイスラームもまた褒誉されるべきであることを願い出ている。しかし、上疏は失敗に終わった（堀池 2012：368-369）。

　同年の秋には、西域からイスラーム経典の献呈があった。康熙帝は景山に登り、経典の意を講釈するよう、北京のムスリム経師に詔が発せられた。応じてやってきたムスリムの教領は、経典を読誦できてもその意味を講じることはできなかった。康熙帝は五台山への行幸を延期し、皇帝の望みを虚しくしないようにとの表現も交えて、再度詔を発したが、応じるものはなかった。馬注はこのことを伝え聞き、『清真指南』に付印して、1683（康熙22）年元旦に初版を刊行した。その内容は、既に北京のムスリム学者やイスラーム教内外の知識人によって意見や校閲を得たものであった。原稿をまとめたことで、馬注はいよいよ北京を離れる準備に入った（『清真指南』巻一「八箴」）（劉 2009：18-19）。

　1684（康熙23）年9月、馬注は、帝の南巡を追いかける形で雲南に帰郷の旅を始める。皇帝による著作の御覧や謁見を、北京を離れた地方において求めるものだった。すなわち、この度の康熙帝の南巡は、北京と杭州を結ぶ京杭運河に沿っての移動であり、馬注は往路では徳州（山東）にて、復路では徐州（江蘇）にて『清真指南』の献書を試みた。しかしこれも不発に終わった。馬注はそれでもあきらめず、1686（康熙25）年には、皇帝が古今の書籍を集めて秘府に蔵するとの詔を発したのに応じて、イスラームの教えが東西の教えを止揚するものとして、朝廷によるイスラームの褒賞を求めるとともに、自らの著書が秘府に蔵されることを願い出たが（「進経疏」）、これもまた聞き入れられることはなかった（堀池 2012：369-371）（劉 2009：19）。

　馬注の北京滞在は15年に及ぶものとなった。このあいだ、ムスリムの師友との交友を重ね研鑽を積んだ馬注は、経世済民の儒家士大夫から中国イス

ラーム思想家へと大きな変貌を遂げた。離京後、確かに馬注は皇帝に謁見する機会を得られず落胆を口にしているが、雲南への帰路は、また多くのムスリム師友との交流機会を馬注にもたらした。康熙23年に離京後、馬注はまず魯と斉（山東）に進路をとり、それから呉と越（江蘇・浙江）を訪れ、康熙25年正月には安慶（安徽）に到着、その後に秦（陝西）へ向かった。康熙26年秋に西安を離れ、その年末に閬中（四川）に到達（『清真指南』を四川でも刊行）、翌年2月に四川を離れて、故郷雲南へと向かった。

　この雲南の帰途では、「海内名師」たちに『清真指南』の校閲を依頼したり、その教えを乞うたりするなかで、さらなる改訂を重ねていった。「海内名師」たちの署名が、『清真指南』巻一「海内贈言」および各巻頭に掲載されている。そこには、山東の李延齢（北京の馬化蛟の師で、経堂教育を始めた胡登洲の四伝弟子のひとり）、南京の馬之騎、劉三傑、袁汝琦、広陵（江蘇・揚州）の古之瓚、湖北の皇甫経（胡登洲の四伝弟子のひとり）、陝西の舍起雲など、当代きってのムスリム知識人や学者、経師の名がみられる。たとえば、南京には1年ほど滞在して劉三傑（明清四大イスラーム漢文訳者のひとりである劉智の父で『御覧清真指南』の書を著わしている）と交流を深めている。当然、劉智とも面識を持ったであろう。劉三傑、馬之騎、古之瓚の三者からは、『清真指南』のほとんど全体にわたって校閲を得ているが、馬注は特に劉三傑に対する敬重の念から、巻頭の校閲者一覧で筆頭に記している。

　馬注は強い宗族観念をもった人物でもあった。馬注の宗族観念は、ムハンマドおよび賽典赤の後裔として「聖裔」の栄誉に浴していることへの感謝の念と一体であったといえよう。南京滞在時には、馬注と同じく賽典赤の後裔である鄭和の一族とも親交を温めた。当然、馬注は鄭氏家譜もみて、宗祧観念（父系の系譜観念）の高揚を感じたことだろう。また、馬注の「瞻思丁公瑩碑総序」および「咸陽王撫滇記」からは、秦の咸陽を訪れた馬注が、咸陽王・賽典赤の功徳に報恩するため、陵墓の祭祀を強く願っていたことがわかる。「代奔修祭」の表現からは、馬注の祖父の馬之雲や、あるいは族人に代わって咸陽に赴き、賽典赤陵墓を祭祀するよう依頼されていたとも推測でき

る。「贍思丁公瑩碑総序」によれば、咸陽にも賽典赤の子孫が多く住んでおり、馬注は必ずや一族・姻戚を訪ねて家譜の修譜を図ったであろう。その際、馬注は、彼の祖父が修譜した家譜「咸陽家乗」を携帯していたはずだからである（劉 2009：16）。

（五）雲南の地域指導者として──晩年の馬注

　1687（康熙26）年、馬注は閬中（四川）を経て雲南に帰着した。雲南に戻ると、馬注はさらに一族の修譜に努め、同宗を訪ねて家譜を贈ったり、訪問のかなわない同宗には人に頼んで家譜を送ったりしたことが、「賽典赤家譜」や「馬氏家乗」には述べられている。また、賽典赤の功績が正しく褒賞されるよう心を砕き、昆明の咸陽王陵付近の咸陽王廟再建に尽力している。さらに、雲南各地を頻繁に往来するなかで、各地のムスリムに『清真指南』を寄贈してまわった。あるいは雲南に止まらず、四川西南部の会川や広東広州のムスリムも訪問し、広州では『清真指南』の刊行を要望したりしている。馬注は「聖裔」であり、またイスラームやアラビア文、ペルシア文に対する豊富な知識を有することから、各地で開学の要請が途絶えなかった。これに応えて馬注は精力的に清真寺で開学し講習をおこなった（「郁速馥伝」）。経堂教育での講習の便宜を図るため、馬注は『清真指南』の改訂を続け、数多の詳細な注釈を追記している。こうして『清真指南』は、清真寺で漢文の教材として用いられるなど、雲南で広く普及していった（劉 2009：21-22）。

　馬注の最晩年、1710（康熙49）年頃、インドから伝播したカランダール派のスーフィーが、雲南一帯に広まった。ハナフィー・マートリーディー派のスンナ派に属する雲南のムスリムは、カランダール派と対立した。馬注はカランダール派について以下のように記している。

　　昔、我が大聖人、世に在るとき、十二個の妖人を出せり。他の念ずるは是れ吾が教の経書、説くは是れ我が国の言語なるも、到る処便ち羊と

人とを宰きて喫う。麻薬を入れて内に在り。その術に中る者は則ち目は
天堂を見るも、家の男婦老少の之に従うを圖む。閨門を穢乱し、禽獣と
同じきに似たり。沐浴せず、把斎せず、礼拝せず、聖を認めず、主を拝
せず、烟酒を禁ぜず。……至今、千有余載、遺種尚お存すれば、則ち今
日の清真を冒して革蘭袋（カランダール）に充たる者は、乃ち其の遺類ならん。

　奇に居りて異を好み、正を棄てて邪に従い、独り、聖賢の教えを立つ
るを思わず、正学有るを原（たず）ねず。正学を舎てて外にし、皆異端を為し、
近くは左道を見（しめ）して衆の徒を惑わす。道に仮るも道に非ず、回に似て回
に非ず。魔魅咒詛して禍を地方に流す。即ち今の武定府に詳らかなる所
なり。沙金なる者、道人の装束を以て、借りて医を行うを題目と為し、
和曲州の属の土古栢の清真寺内に歇（とど）まる。礼拝講経に仮りて名と為し、
村を合わせて鬨ぎ動きて、活仏と視（みな）為す。遂に彼の地の回民馬謄蛟なる
もの、家内に延き請いて拝して掌教（アホン）と為し、従いて道を学ぶこと有り。
日久しきに至るに迨（およ）んで、内外を分かたず、男女混襍（こんざつ）して、烟（たばこ
／アヘン）を以て媒と為し、酒を以て餌と為せり。

（『清真指南』巻十「左道通暁」）（堀池 2012：371）

　「郁速馥伝」では、馬注が研究編著の時間がないことを嘆きながらも、「聖
裔」の名の下、官方と連携してカランダール派の掃蕩に積極的に取組んだこ
とを記している。カランダール派は、官憲に追われる度に、秦、蜀、黔、滇
の各地を転々とした。馬注はカランダール派を「左道」として強く非難し、
その掃蕩を皇帝に奏上したうえで、地元名士を助けて武定府へ厳罰を求め、
また省当局（省総理廠や按察司）に訴えて、全省で取り調べの上、禁止するよ
う求めた。事態が収束した後、馬注は異端左道の蔓延は雲南ムスリムの無知
蒙昧にも原因があると考え、これを後世の教訓としつつ、ムスリムのなお一
層の教化を図るため、カランダール派の危害とともにその禁制へと至る経過
を記録し、かつ新たに「教条十款」を著わして、全省に通知した。この通知
は「左道通暁」と標題が付けられ、『清真指南』巻十として収められた。そ

の後まもなく、1711（康熙50）年、馬注は71年の生涯を終えた（堀池 2012：371-373）。

（六）馬注の思想──「二元忠貞」

　馬注『清真指南』は、「宋儒の天理性命説や格物究理説を用いてイスラームの一元論的世界を説明」しようとし、「イスラーム思想を中国の精神風土に根づかせるのに重要な貢献をした」とされる（松本 2002：761）。馬注は、イスラームの一神論と儒学との関係を、漢語を用いて注釈するなかで、両者の社会上の作用を同一とみなした。さらに、宗教とは時と場所に応じて旧来の制度、慣習、方法などを自ら革新するものだとして、「権教（変化の内容）」と「因教（変化の方向）」を思索した（秦主編 2005：191-193）。

　この「権教」と「因教」について、馬注は、イスラーム教と儒学との混淆、折衷、添加といったシンクレティズム的な現地化を探求したのではなく、むしろ一神論のなかで聖俗並存をどう正当化するのか思索した。

　高明潔は、馬注の一神論的聖俗並存に関連して、以下のように説明している。『清真指南』では、「天の子（皇帝）、民の父（皇帝）はアッラー（真主）の本来の姿で、（民の）痛痒の由来に関わる」、「天には一時として日がなくてはならず、国には一日として君がなくてはならない。天下といい、国家といい、一つである。君臣といい、父子といい、一つである」、「このため、アッラーはいう、『両親に従い親孝行せよ、たとえ両親はムスリムではなく、真主を信じなくとも、孝行をしなければならない』」と記している。すなわち馬注は、一神論を堅持しつつ、孝道や「人道五倫」（君臣の義、父子の親、夫婦の別、長幼の序、朋友の信）など儒学のもつ社会的機能を積極的に評価し、イスラームの社会的機能と同一であるとした。後に余振貴（中国イスラーム教協会副協会長）は、馬注のいう、ムスリムは「真主」と「君主」双方に忠実であれということ、すなわち「聖俗並存的信仰体系」ともいうべき信仰形態は、決してイスラームの教えに矛盾しないと主張し、これを「二元忠貞（二

元忠実)」と定義した。高明潔は、余振貴の説を受けて、この「二元忠貞」
という信仰形態が現在では「愛国愛教」という標語に取って代わられている
と解釈を加える。さらに、馬注によって注釈されたその歴史的な二重的信仰
体系は、現在においても変化がみられないという（高 2006：209-210）。

　なお馬注は、明清四大イスラーム漢文訳著家の先達、王岱輿から大きな影
響を受けている。堀池信夫によれば、王岱輿は、存在者と一切関与せずに
（「無干」）、絶対他者として超越的に存在する真主を「真一」と呼ぶ。一方、
アッラーに下位して宇宙・存在者を創造する形而上者を「数一」と称し、
「数一」によって創造される人間が「数一」から「真一」へと認識の過程を
遡源向上してゆくことにより、「真一」に切接してゆくことを「体一」とす
る。この三つの「一」によって構築される存在論および認識論の全体が
「三一」哲学だとされる。この「三一」哲学で王岱輿が思索したテーマのひ
とつは、一切の存在者に対して「無干」である「真一」がなぜ創造主たりう
るのかであった。王岱輿の哲学で興味深いのは「真一」ではなく「数一」
――その内部レベルを「無極」と「太極」、あるいは「体」「用」という宋学
の用語による二つの（さらには三つの）段階に区分して「数一」内部における
機能の相違を説明した――である。「真一」の位置づけはイスラームとし
て、ある意味絶対的に定まっているものだが、「数一」はむしろもっとも豊
かな思索が展開されるところだった。それは、中国思想の歴史において伝統
を相対化すると同時に、それらを超えうる思索の可能性を示していたわけで
ある（堀池 2012：373-374）。

　堀池は、馬注が王岱輿の「三一」哲学を受容して、「真一」や「ムハンマ
ドの神性」（「無極」と「太極」）などを論理の基軸に据えて思索を展開したこ
とを詳らかにしている。王岱輿と馬注の形而上学的レベルでの連続性は明ら
かである。その上で堀池はむしろ、両者にみる意識の違いに着目している。
すなわち、王岱輿はイスラーム思想が中国思想に優越することを強調した
が、馬注は根底において「真主」の優越性を継承しつつ、イスラームと中国
の親和性や同等性をより強く打ち出すなかで、イスラーム哲学を中国におい

て正当性をもって扶植することに腐心したという（堀池 2012：374-377）。

（七）場所と記憶の分離が支える「二元忠貞」の実践

　雲南保山回族が、馬注の「二元忠貞」を共生の作法として実践していく上で、唯一神と天子（皇帝）の絶対矛盾を回避するために、生活においていかなる工夫がなされているのだろうか。馬注にまつわる「場所」（place）や記憶から、この問題を考えてみたい。

　馬注の墓は馬家庄といって、馬氏の姓名が冠された自然村にある。保山市郊外のH鎮B行政村のなかのY自然村から1kmほど離れたところにある。Y村在住で中学校教師を務めるD氏は、馬注文化園の建設計画策定や馬注研究会の幹事として奔走してきた傍ら、馬注の故郷一帯にまつわる地域史についても興味深い史実をいくつか発掘してきた。そのひとつが、この馬家庄と馬氏一族にまつわる伝承の"謎解き"である。

　現在、この馬家庄に回族の馬姓は住んでいない。ただし、古くからの伝承として、この村はかつて馬氏一族の荘園だったといわれている。また、かつての計画経済時代には、生産隊施設の傍らに、花木が生い茂り渓水を湛える広々とした空き地があり、村人からは"馬氏花園"と呼び習わされていたという。1997年、ある村民が住居の建て替えを行ったところ、石で作られた扁額が出土した。額の上面には「馬家粧田」の四文字が刻まれていた。解放前、馬家庄の住戸と糧田は馬氏一族が所有していたと推測される。当時の住戸は馬氏の佃戸（地主の土地を耕作して地代を納める小作農）であり、田地もまた馬氏のものだった。すなわち村は、馬氏一族の所有する田地とそれを耕す佃戸の家屋によって形成された「庄房」だった。

　歴史上の戦乱や兵災により、最近に至るまで、墓は破壊され廃墟と化していた。にもかかわらずY村の一部村民は、毎年、馬家庄へ馬氏祖先の墓参りを欠かさなかった。ただし、数多くの墓が居並ぶなかに馬注の墓も含まれていたことは、最近になってわかったようである。D氏の数年来の調査によれ

ば、Y村の馬氏祖先は大理巍山の人とされる。歴史上、巍山は滇西（雲南西部）のシルクロード沿線の交易で栄えた古鎮であった。元代初期、雲南の治世のために平章政事（行省の長官）として赴任した賽典赤・贍思丁は、各地との連携を強め、交易のさらなる発展を図るために、古道沿線に多くの宿場を設置した。この宿場の経営はその多くがムスリムによるものだった。D氏は、巍山の馬氏祖先は、この時期に昆明から巍山へ移り住んだと推測する。なぜなら、当時の「夷方」（怒江以西からミャンマー、インド一帯を指す）は、土地が肥沃で物産に富み、財富を求める中原の人びとにとっては夢幻の地としてイメージされていたからである。それゆえ、商人たちが滇西の古道沿いへ商機を求めて移動するのは自然なことであった。

　明代になると、巍山馬氏の馬文明は大理四牌坊に移り住み、間もなくその二男馬德齢は「夷方」により近く、かつ重要な宿場町のひとつであった永昌城の城外B鎮へ移住した。大理からB鎮へ移り住んだ馬氏祖先は、賽典赤の第八代目子孫に数えられる。当時の馬氏は永昌城北でもっとも裕福な一族だったとされる。彼らはB鎮より西十数kmにあるY村一帯の土地も購入した。馬家庄に伝わる伝承では当地はもともと荒地であり、馬氏一族が大量の農民を雇用して開拓し田畑を開いた結果、肥沃で美しい田園へ様変わりしたという。

　保山平野部の村落形成の歴史をみてみると、大部分の村落は、遠征に参加した軍官たちに対して、戦後、朝廷から姓ごとに封じられた土地であった。それは、後の単姓村を形成する素地となった。また、明清期には大量の移民が南遷したが、その際も単姓の一族ごとに村落が形成された。一方、複数の姓が雑居する村落は、佃戸や雇工が聚居して形成された村落であり、馬家庄もこのタイプの雑姓村である。現在も村の田地の名称では、「馬家大田」「馬家地」「馬家墳地」「馬家花園」など、馬姓にちなんだものが残っている。Y村に定着した馬氏一族は、B鎮の馬氏一族の支系であり、農地の拡張とともに鎮の南へ移動した人びとの子孫と考えられる。

　D氏によれば、Y村馬氏は馬注の曽祖父の代にB鎮から移り住んだ。Y村と

いう名称は、その表記の仕方に変遷があり、もともとは「乙丑」であったとD氏は考証する。「乙丑」と記す目的は"時間"を記憶に留めて忘れないようにするためだという。すなわち、Y村の馬氏一族が代々語り継いできた伝承によれば、B鎮からY村へ馬氏祖先が移り住んできたのが乙丑の年だった。馬注の曽祖父がY村に定居したのは1505年前後、すなわち明朝中後期の弘治年間（孝宗帝）から正徳年間（武宗帝）の頃と推測される。永昌城の北に位置したB鎮は、渓水湧き出る清流と柳緑映える風光明媚な地で「北津煙柳」と謳われ、永昌城外の「外八景」のひとつとして名を馳せた。また、商人が雲集して交易が繁盛し、滇西シルクロードの経済活動にて重要な位置を占める宿場町であった。

　『清真指南』の「自序」や「郁速馥伝」には、馬氏一族の生活についての記述がある。すなわち、生業では機織と農業を主とし、他方、商売については触れられていない。ここから、馬注が生存した頃の一族の生活は、B鎮馬氏が商売に従事していたのとは異なり、農業を主としていたものと推測することもできる。当時の保山平野部では、田地を大量に購入する「大戸」（裕福な家）は決して珍しくなく、「庄房」の出現は一般的な現象であった。「庄房」の境界を定めて他の「庄房」と区別するとき、多くの佃戸は好んで大戸の姓氏を用いた。すなわち、趙氏田地の所在地であれば「趙家庄房」あるいは「趙家庄」と呼んで境界を設定し、馬氏田地の所在地であれば「馬家庄房」あるいは「馬家庄」と呼んで他の「庄房」と区別した。後世それらが村の名称にもなったわけである。かつてB鎮の馬氏一族が大量の田地と山地を購入した馬家庄は、山を背にして南に川を臨む、「風水」に恵まれた土地とされる。

　現在、D氏をはじめY村に住む馬氏子孫の人びとは、馬家庄こそが、馬注が青少年期を過ごし、晩年には『清真指南』の改訂を繰り返しおこなった地だと考えている。「郁速馥伝」にもそう解釈できる表現が散見されるという。たとえば「居龍潜豹隠」という表現だが、これは当時の馬家庄では、樹木の繁茂する大山を背景にして野原が広がり野獣がよく出たと解釈されてい

る。また、「居龍」とは、この大山の岩下の泉と関係があるとされている。
この泉は当地の人びとから「龍泔」と呼ばれている。さらに「花香鳥啼」と
いう表現は、村にある花園を描写したものと解釈されている。そもそも毎
年、Y村の馬氏子孫が馬家庄の墓参りを欠かさないことは、祖先が埋葬され
ている地であることに加え、馬注が偉業を成し遂げた地を今日まで追憶して
きたこととも関係していると、Y村の人びとは考えている（蘇 2009：73-75）。

　それでは回族にとって、馬家庄という「場所」の外には、どのような「空
間」（space）が広がっているのだろうか。

　清代初期、保山では元代、明代初期に次いで、3度目のムスリム大量移入
が生じた。1644年、清軍の入京後も、全国各地で反清闘争が続いていた。明
の桂王は雲南に退き、ムスリムの部下たちも転戦の末、保山や騰衝に落籍し
た。その後、道光、咸豊年間になるとムスリム勢力の伸長が著しく、保山城
内の綿糸、綿布、地域の特産物の商いは彼らによって独占された。こうした
事態が漢族地主や郷覇（地域のボス）の反感を買い、ムスリム地主との紛糾
が頻発した（保山市民族宗教事務局編 2006：287）。

　アヘン戦争後になると、雲南では、漢族とムスリムの地主や商人のあいだ
で、土地や鉱山の所有権、地域の支配権などをめぐって「械闘」が絶えな
かった。清政府は「漢族が強くなるとムスリムを助けて漢族を殺し、ムスリ
ムが強くなると漢族を助けてムスリムを殺す」政策をもって、ムスリムと漢
族の関係を相殺し攪乱した。当時の保山には、富裕なムスリム商人が多数存
在した。漢族は対抗して「香把会」を結成した。1845（道光25）年9月2日
夜、永昌署理知府の満族・羅天池は、兵を引き連れて保山に到達、「香把会」
の会首をそそのかし、「回匪謀叛」の濡れ衣を着せてムスリムの掃討を命じ
た。この「永昌惨案」では、2日間で保山のムスリム8,000人が虐殺された
とされる。

　1856（咸豊6）年、雲南巡撫は各地の「殺回集団」にまたもや密令を下
し、鶴慶、麗江、剣川のムスリムを虐殺し、さらには、鄧川、浪穹、大理の
ムスリム攻撃を始めた。馬家庄の隣郷にあたる保山J郷のJ村に生まれた杜文

秀は、巍山にてムスリムや他民族とともに決起し、大理政権を樹立、杜文秀は大元帥に推挙された。大理政権は16年にわたって、西は騰越、龍陵、東は楚雄、北は麗江、南は雲県までを統治、清軍を6度にわたって粉砕した。しかし、1867（同治6）年、昆明の清軍を攻撃するものの失敗、1872（同治11）年、攻勢に出た清軍は大理を攻撃、杜文秀は清の和睦に応じるも惨殺された（林主編2003）。その後、保山一帯のムスリムは清の役人によって虐殺、駆逐され、ムスリム人口は激減した（保山市民族宗教事務局編 2006：287）。

　松本ますみは馬泊良（1988）に拠りながら、清朝末期の大弾圧のなかで生き残ったムスリムが、国境を越えてビルマに逃亡したり、彝族や苗族など他民族の居住地域に潜んだりしたことを紹介している。雲南のムスリム人口は10分の1に激減した。たとえば大理では1万7,000戸が1,700戸に減り、人口は6,000人以下になったとされる（松本 2008：92-94）。

　中華人民共和国の成立からしばらくの間、共産党は民族政策において「慎重穏進」の原則を堅持しつつ、回族にかかわる事務も自己管理を重視した。たとえば1953年末に完成した雲南の土地改革では、その工作隊に回族も参加し、回族の信仰と風俗習慣が尊重され、回族地主との闘争では漢族農民は加わらないことを原則とした。清真寺の土地は一部分を阿訇が耕作するために残した（自留地）。仮にその他の部分を漢族農民に分配する場合でも、まずは回族民衆の同意を得る必要があった。回族地主のなかでも聖職者に対しては特別な配慮を施し、商工業兼業者にはその生業を保護するなどの処置がなされた。また、杜文秀の反清起義の後、謀反逆賊の産として官府に没収されていた土地は回族のもとに返還された。53年から56年にかけて行われた互助組や農業生産合作社の組織化でも、運動当初は、回族の伝統的な生業（たとえば馬帮などの運輸業や皮革加工、農閑期の出働きによる小商い）も副業として生かすなど、一般的に組や社の内部での民族団結が尊重された。しかし、中央の号令による過大かつ急速な高級合作社化が進められた55年末頃から、土地・役畜・大農具などの農民所有や、それら生産財の持寄り比率に応じた報酬分配などが突き崩されて、農民の生産意欲を削ぐこととなった。全国的に経営

の粗放化が進むなかで、各地で発生した自然災害も相まって、57年後半になると合作社は減産へと向かう。清真寺に認められた自留地も「公」とされた集団へ接収され、多くの地域で阿訇の生活基盤が失われた（高主編 2009）。

　1957年から60年にかけて、反右派闘争や「地方民族主義批判」、大躍進などのなかで、雲南回族の多数の聖職者や知識人、幹部などが「右派分子」「反革命分子」「地方民族主義分子」といった「政治帽子」を被せられ、職位が剥奪されたり、人間的尊厳が否定されたりした。清真寺は大食堂や食糧庫に供され、宗教活動は停止し、経堂教育は禁止された。61年からは、これら大躍進や人民公社化運動の歪みを是正しようとして整風整社運動がおこなわれたが、66年になると今度は文化大革命の嵐が吹き荒れた。民族問題は階級闘争に回収され、社会主義にあって民族問題そのものが存在しないとされた。民族や民族的特徴などといった言葉自体が禁句となり、民族工作、民族政策、民族自治政策などは踏みにじられ、信仰や習慣が保障されることはなかった。回族の人びとは無理やり豚肉を食べさせられたり豚を飼育させられたりした。また、豚肉を食べるかどうかが進歩と落伍の基準に用いられたりした。清真寺には軍宣隊（人民解放軍毛沢東思想宣伝隊）が駐在し、豚肉を食べたり、その骨を井戸に投げ捨てたりした。軍宣隊などによって雲南省490あまりの清真寺は閉鎖され、宗教活動外での占用や破壊が徹底的におこなわれた。クルアーンなどの聖典は没収され焼却された。全省1,300人あまりの阿訇は「牛鬼蛇神」などとされて批判闘争の槍玉に挙げられ、多くの者が心身双方への暴力など残酷な仕打ちを受けたり、冤罪を被りでたらめな檔案（個人の身上調書、行状記録）が作成されたりした。仮に阿訇を庇った場合は、それ自体が反革命の現行犯として激しく指弾された。民族関係は悪化し、省内各地で衝突や大規模な流血事件が発生した（高主編 2009）。

五．雲南回族の時間・事象・社会的次元の 「意味」にみる中華世界

　保山回族は、中華世界との交渉のなかで、馬注に関連した具体的な「場所」(place) を自ら記述することで、その外に広がる「空間」(space) との区別を図ってきた。

　「場所」と「空間」にかかわる意味の事象次元において、保山回族が"外"に対して"内"を有することができるのは、真主と中華世界（天子あるいは国家主権）への「二元忠貞」という絶対矛盾を日常的に回避しながら両者を統一していく上で、たいへん大きな意味をもつ。すなわち、事象次元（内／外）の区別の形式そのものが、精神的な支えを提供し、また、矛盾および紛争の回避の方法を具体化してくれる。ここから保山回族は、「二元忠貞」の負荷を凌ぐことができるのと同時に、信仰をもつことの矜持を保つことが可能となる。

　「場所」と「空間」にかかわる意味の社会的次元をみると、他者である中華世界が回族をどのように観察しているかを回族が観察すること——観察の観察を通じて、回族は自己言及のなかでの更新を継起させていく。それは、古くは馬注の「以儒詮経」「以儒詮回」に基づくイスラーム経典の漢文訳著と、ここから編み出された中国イスラーム思想に、さらに現在に至っては、そうした馬注思想の発揚を通じたまちづくりのあり方に、よく現れている。

　加えて、「場所」と「空間」にかかわる意味の社会的次元を注意深くみれば、中華世界の中（漢族）の中（回族）、すなわち「中の中」とは「外」でもあり、したがって回族ひいては中国ムスリムは、中華世界の「中」でもあり「外」でもあることの両義性として観察されることに気づかされる。たとえば、本章において比較的詳しく述べたように、馬注の歴遊は最終的に、中華世界の「中の中」すなわち「外」へと向かうものであり、中華世界の「中の中」としての伏水流に、中国イスラームの流れ＝経過 (routes) を見出すも

のであった。伝統的儒家士大夫から中国イスラーム思想家へと向かう馬注の思想遍歴そのものが、また、宗族の宗桃観念を強く抱きながらの中国ムスリムとしての覚醒そのものが、中華世界の包み込む重畳たる自己と他者の区別を繰り返し往来するものであり、こうして辿り着いたのは、（馬注の自己記述──自己言及と他者言及の循環から明らかになる）中国イスラームの信仰であった。

　中華世界の粋である儒家思想は、生死や天地創造、あるいはそれにまつわる鬼神を語ることを自重する。それゆえ中華世界の「中の中」＝「外」は、イスラーム思想をもって儒家思想の補完を試みることができる、存外、自由な領域を、馬注など中国イスラーム漢文訳著家に与えていたのかもしれない。

　意味の事象次元や社会的次元は、当然、意味の時間次元とクロスする。現時点での決定は、「現在的未来」と「未来的現在」の差異に帰結し、未来そのものは、決定をおこなう現在への依存を高めていく。こうしたコミュニケーションのなかで、意味の事象次元や社会的次元は、安定することなく揺さぶり続けられる。当然ながら、中華世界にあって、回族は安定することなく動き続ける。たとえば、「場所」の外の「空間」は、回族にとってたいへんシビアな歴史で充溢している。「現在的過去」（現在からみた過去）の選択（決定）は、回族と漢族とでは同じではあり得ない。現在と過去の「時間結合」は、回族と漢族の社会的次元における緊張関係を高める可能性があることは明らかである。だからこそ回族は、単なる「被影響者」となることがないよう、自ら決定をおこなわなければならず、それゆえにこそ回族は、意味の3つの次元をめぐって、自省的批判性を強化せざるを得ない。中華世界による回族の観察を回族が観察することを通じて、セカンド・オーダーの観察と自己記述を、絶えざる自己言及のなかで研ぎ澄ませていくことになる。あるいは、そこで感じる大きな負荷の軽減を求めて、回族は制度化された手段（たとえば党・政府・政治協商会議や、国によってオーソライズされた学術界などが構成する公共的空間でのコミュニケーション）の利用に訴えることもあろう。そこには、未来的現在と現在的未来のギャップを許容範囲内に留めることができるのではないかという、淡い期待がある。それもまた、かつて馬注が皇帝

に対して幾度となくイスラームの庇護と褒賞を求めた姿に重なってくるのである。

【参考文献】

〔日本語文献〕

高明潔「一神教土着化の合理性」『現代中国学方法論とその文化的視角［方法論・文化篇］』207〜223頁（『愛知大学国際問題研究所紀要』128号、2006年、21〜48頁に再録）。

小松丈晃『リスク論のルーマン』勁草書房、2003年。

潘宏立「中国東南部における回族の文化変容と祖先崇拝」『平安女学院大学研究年報』第6号、2005年、59〜72頁。

堀池信夫『中国イスラーム哲学の形成』人文書院、2012年。

松本耿郎「馬注」『イスラーム辞典』岩波書店、2002年、761頁。

松本ますみ「〈近代〉の衝撃と雲南ムスリム知識人」『近現代中国における欧米キリスト教宣教師の対ムスリム布教に関する歴史社会学的研究』［平成16-19年度 日本学術振興会科学研究費補助金基盤研究［C］研究成果報告書］2008年、92〜108頁。

松本ますみ「回族とは何か」『中国のムスリムを知るための60章』明石書店、2012年、36〜40頁。

張承志『回教から見た中国』中公新書、1993年。

〔中国語文献〕

保山市民族宗教事務局編『保山市少数民族誌』雲南民族出版社、2006年。

高発元主編『当代雲南回族簡史』雲南人民出版社、2009年。

林超民主編『保山』雲南教育出版社、2003年。

馬泊良「雲南回族的淵源及会務史略」『雲南回族社会歴史調査4』雲南人民出版社、1988年、134〜137頁。

馬注『清真指南』青海省新華書店、1988年。

馬注文化園籌建組編（丁紅軍主編）『籌建馬注文化園 資料簡編1』2010年。

秦恵彬主編『中国伊斯蘭教基礎知識』宗教文化出版社、2005年。

劉玉剣「馬注的家世及生平」政協隆陽区委員会編『委員心聲』2009年第4期、13〜26頁。

蘇家祥「馬家庄：一個与著名学者有関的村庄」政協隆陽区委員会編『委員心聲』2009年第4期、73〜75頁。

許淑傑『馬注思想研究』人民出版社、2013年。

中共保山市委党史地方志工作委員会編『保山年鑑2009』雲南民族出版社、2009年。

政協隆陽区委員会編『委員心聲』2009年第4期。

〔欧米語文献〕

Bhabha, H. (1994). *The location of culture*. London: Routledge. (＝本橋哲也・正木恒

夫・外岡尚美・阪元留美訳『文化の場所』法政大学出版局、2005年）

Clifford, J. (1997). *Routes: Travel and translation in the late twentieth century*. Cambridge, MA: Harvard University Press.（＝毛利嘉孝訳『ルーツ』月曜社、2002年）

Luhmann, N. (1984). *Soziale Systeme: Grundriß einer allgemeinen Theorie*. Frankfurt am Main: Suhrkamp.（＝佐藤勉監訳『社会システム理論』上・下、恒星社厚生閣、1993、1995年）

Luhmann, N. (1991). *Soziologie des Risikos*. Berlin: Warter de Gruyter.（＝小松丈晃訳『リスクの社会学』新泉社、2014年）

Luhmann, N. (1997), *Die Gesellschaft der Gesellschaft*. 1.（＝馬場靖雄・赤堀三郎・菅原謙・高橋徹訳『社会の社会1・2』法政大学出版局、2009年）

Luhmann, Niklas, 2002, *Einführung in die Systemthorie*, Carl-Auer-Systeme Verlag.（=2013, Translated by Peter Gilgen, *Systems Theory*, Polity Press; ＝ディルク・ベッカー編、土方透監訳『システム理論入門』新泉社、2007年）

華語語系文学の輪郭と展望

及川　茜

一．なぜ「華語語系文学（Sinophone literature）」か

中国、中国人、中国語、華語

　「中国文学」とはいったい何を指すのだろうか？　ある程度の規模の書店に足を運べば、外国文学の棚には「中国文学」のコーナーが設けられている。大学にも「中国文学科」があるし、「中国文学史」「中国文学概論」のような科目も開講されている。そうしてみると、中国文学とは鮮明な輪郭を持った概念のように感じられるかもしれない。しかし、実はそう一筋縄ではゆかないことが、近年特に近現代文学について意識されるようになってきた。そこで、ここ10年ほどの間に浮かび上がってきたのが、この章で取り上げる「華語語系文学（Sinophone literature）」という概念である。

　なぜ「中国文学」の語の使用が問題になるのだろうか。試みに中国文学を「中国」で「中国人」が「中国語」で書く文学と定義してみよう。すぐに、この三つの概念が実はそう単純ではないことに気づくだろう。

　「中国」については、たとえば葛兆光（1950年生）という学者がこんなふうに整理している。文化的同一性を持つ「中国」は秦漢統一王朝この方一貫して存在している。周辺に変動こそあれ、基本的領域は相対的に安定しており、そこでは漢族文化を柱とする文化的伝統が継続されてきた。どの王朝も自らを「中国」と称し、さらに「天下観念」「朝貢体制」が人々の中国意識を強化してきた（葛2014：21-22）。ただし、19世紀からもたらされた近代西洋文明の影響によって、現代中国はこうした文化的伝統とは「断絶」している

（同前：105-106）。不変の文化伝統は存在しないし、文化は異民族・異文化が加わることで重層化し融合することを繰り返してきた。多民族国家としての現代中国では、中国文化の複数性を認めなければならない（同前：110-111）。

　葛兆光の議論を踏まえると、「中国」という概念にはある程度その核となるものを見出すことができるが、だからといってそれが「中国」のすべてではないし、そもそもその核自体にも時代とともに変動が生じているということになる。

　そうすると、「中国人」という概念について考えるときも、その多民族性を無視し得ないことは明らかだろう。言うまでもなく過去から現在までの「中国」の領域には、常に漢族以外の人々が暮らしてきた。その中には中国語による文学創作に携わる者も少なくない。また、漢族に限っても、「中国」の領域の内外で必ずしも一貫した同一性を保っているとは限らない。リン・パン編『世界華人エンサイクロペディア』では、四つの円によって華人（中国人・中国系人）について説明している（パン2012：19-21）。最初の円に属するのは中華人民共和国の国民である漢族だ。「中国人」との語からもっとも容易に想起されるのはこの人々だろう。第2の円に入るのは海外に暮らす中国国民と、自分が「台湾人」ないし「香港人」であると考える人々である。第3の円に含まれるのは中国以外に市民権と政治的忠誠を持つ「海外華人」で、第4の円で表されるのは中国にルーツを持つが他国人となり、自らを華人と見なしていない人々だ。

　では「中国語」についてはどうだろう？

　まず、「中国語」といって最初に想起されるだろう「漢語」について考えるなら、歴史的および地理的な広がりを無視することはできない。歴史的には書面語である「文言」と話し言葉に近い「白話」の相違があり、地理的には「上海語」「広東語」「閩南語」といった多様な方言がある。現代の中国の共通語である「普通話」の規範は、発音なら北京語音、語彙なら北方語（長江以北を中心に用いられる中国語の方言）、文法なら現代白話文に置かれている。漢字によって表記される点でこうした多種多様な「漢語」に共通性を見

出せるとしても、その発音は単一ではないし、音読に際しては、様々な方言音で読むこともできる。つまり、漢字の使用によってさまざまな「漢語」がひとつに結びつけられているといえる。とはいえ、すべての「漢語」が漢字によって表記されるとは限らない。方言に関していえばローマ字を基にした表記法が用いられる例もあるからだ。たとえば台湾閩南語（台湾語）の場合、台湾の教育省が2006年に公布したのは教会ローマ字（白話字）を基にした表記法である。こうした表記法により、漢字を用いずに書かれた文学作品も出版されている。「中国語」にこれらの方言も含めるなら、中国語による文学の中には、漢字で表記されない作品も含まれるということになる。

　そればかりか、中国で用いられる言語を「中国語」と捉えるならば、「漢語」諸方言のほかに、チベット語、ウイグル語、チワン語、朝鮮語など少数民族の言語も含まれることになる。

　こう見てくると、「中国」「中国人」「中国語」がいずれも複数性を備える概念だということが明らかになる。この章で紹介する「華語語系文学（Sinophone literature）」という概念はこうした複数性を強調するものであると言ってよいだろう。

　では、「華語」とはいったい何だろうか。「華語」とは多く中国の外で用いられる名称で、方言に対しては華人間の共通語である「普通話」とほぼ同じマンダリンを指すし、英語やマレー語など他の言語と対置される際には漢語諸方言をも含むこともある。一般的には、「異民族に対しては言語的差異を、自民族に対しては言語的共通性を表明する概念である」（山口2017：175）。

　こうした用語を確認した上で、「華語語系文学」という概念が示すところをたどってみよう。

華文文学から華語語系文学へ

　近現代文学を論じる上で「中国文学」という用語の問題点が意識されるようになったのは、香港と台湾の作家が中国語で書いた文学をどのように取り

扱うかという課題に直面してのことだった。

　1980年代に入り、「華文文学」（中国語によって書かれた文学）の用語が用いられるようになったのは、主に香港・台湾の文学についてであった。香港はアヘン戦争後の南京条約（1842年）によって中国からイギリスに割譲された後、1997年の返還までイギリス植民地だった。一方、台湾は1895年の下関条約締結以来、1945年まで日本統治下に置かれた。日本の敗戦後は中華民国に接収されたが、国共内戦後、中華人民共和国の建国と共に共産党政権が樹立された1949年、国民党は台湾に撤退した。香港・台湾と、共産党が文芸政策を主導した中華人民共和国とでは、おのずから文学の道も異なるものとなったことは想像に難くないだろう。こうした背景の下、それぞれの地の歩んだ歴史の岐路の先に生まれた文学を論じる際に、執筆の言語に照準を合わせた「華文文学」の名称が用いられるようになった。これは地域や政体のみならず文化的同一性までを含んだ「中国」という概念を半ば共有しながらも、必ずしもその中に包摂されない文学への名づけであったが、「華文」が明確に定義されていたわけではなかった。

　さらに、「華文文学」は必ずしも中国語で創作された文学すべてを示すニュートラルな名称として用いられたわけではない。この語の使用される局面では、中国を中心としてその域外の文学を指し、中心と周縁、正統と差延が暗黙のうちに含意されることがしばしばだった（王2015a：37）。したがって、「華文文学」が「中国文学」の外に置かれるのか、それとも「中国文学」を内包するのかについては、政治的な議論に渉ることになってしまう。さらに「華文」をめぐっては漢族ないし華人といった民族アイデンティティとの結びつきが強固である点にも注意せねばならない。中国国内の漢族でない作家が中国語で書いた作品を華文文学と見なすかどうかはそれをよく表す問題である。

　「華語語系文学」もこうした議論を引き継いでいるが、中国中心的な本質主義から脱するための手がかりとして打ち出された方法論であると見ることができるだろう。

「華語語系」の名称は、在米の学者である史書美（Shih, Shu-mei、1961年生）により2004年にSinophoneの中国語訳として用いられた。これは「漢語」は単一の言語ではないとする立場からである。華語語系とは「中国の外および中国と中国性の周縁に位置する文化生産の場のネットワークであり、数世紀にわたる中国大陸の文化の異物化と現地化の歴史的過程を指す」（Shih 2007：4）と史書美は提起している。

ただし、中国語の「語系（語言系属分類）」とは言語学では「語族（language family）」の意で用いられる用語であるため、Sinophoneの訳語として「華語語系」を採用することの妥当性をめぐっては議論がある。とはいえ、これによって「華語」の複数性が明確に示されることもあり、すでに学術的用語として定着した訳となっている。

華語語系文学理論の現時点での代表的な論者には、在米の史書美と王徳威（Wang, David Der-wei、1954年生）の二人が挙げられる。このほか、同じく在米のTsu, Jing（石静遠）、またマレーシア出身の学者たちによる「馬華文学」をめぐる論述とも重なる部分がある。日本では山口守が日本語と中国語の双方で積極的に発言している。

史書美の華語語系論——反ディアスポラ、中国の漢族の文学を含まない

史書美はその華語語系論において、中国語と「中国人」意識の結びつきを指摘すると同時に、覇権（ヘゲモニー）への抵抗という立場から中国国内に見られる多言語性とその言語間の関係の不平等性について考察している。王徳威（王2015b：10-11）に就くと、史書美の主な論点は三つに絞られる。一つは清朝統治を植民帝国として捉えることである。二つには、台湾の漢族やマレーシア華人を例とする入植者植民地主義（settler colonialism）批判である。三つには、中国系移民のディアスポラすなわち故郷を離れた離散の状態を強調することへの反対であり、現地文化への同化の期待である。それは取りも直さず、狭隘な「中国」への対抗軸としての「華語語系」となる。

つまり、史書美が提唱するのはポストコロニアリズムおよびマイノリティ

研究としての華語語系論であり、中国の少数民族政策も海外華語社会の文化政策も形を変えた植民の手段であると等しく捉えるので、Sinophone と Anglophone（アングロフォン）、Francophone（フランコフォン）との対置が可能になる。したがって、そこには中国の「正統な」文学は含まれない（史 2017：65-70）。

　また、「中国性」については、起源にまつわるイデオロギーに執着し、ディアスポラの終了を拒絶するものとして捉えられる。対して華語語系コミュニティは絶えず変化し続ける過渡的なものであり、移民が定住し現地化したとき、二世ないし三世はディアスポラの状態を終了させることを選べるとする（史2017：47）。

　それでは、「中国文化」と対置して「華語語系文化」と区分されるものは何だろうか？　史書美は「華語語系文化」とは「台湾文化」など在地のそれぞれの華僑華人コミュニティの文化を指すとする。

　しかし、彼女が論じるのは漢族のアーティストばかりである点で「離散中国人」の枠組みから離れていないように思われる。「華人性」と中国語使用との関係についてはさらなる考察が必要であろう。

王徳威の華語語系論
──ディアスポラ研究としての華語語系、大陸の漢族の文学も排除しない

　台湾出身の在米の研究者である王徳威は、史書美の論を批判的に発展させつつ自身の華語語系論を打ち立てている。

　王徳威による史書美の説への批判は主に以下の2点に集約される。第1に、ポストコロニアリズムの枠組みの使用に関してである。その枠組みが中国近代史にも適用できるのか、さらに清代の帝国と周辺民族・諸国との関係を植民という観点から論じられるのかを問題としている。第2に、史書美の論では海外と中国という分類が硬直化していることを指摘し、中文／華語の対立ではなく、漢語／中文の含む多様性、絶えざる自己の脱構築に注目すべきだと見ている（王2015b：12-13）。

　王徳威は「中文」を話していればすべてSinophoneと見なすと定義する。すなわち、華語を最大公約数として広義の中国と中国の領域の外の文学研究と議論のプラットフォームにするということだ。ポストコロニアリズムの側面から見れば、現地の文学と宗主国との間の言語／権力関係への注意が必要であるが、それと同時に、現地の人々が宗主国の言語と文化をさらに延長し、新たな解釈を加え、異なる意味を見出しており、まだらに入り交じった言語が生まれていることも直視すべきだと見ている（王2015b：4）。

　史書美が中国の漢族の文学と、それ以外の中国語による文学を対置させるのに対し、王徳威は中国の中文も各地で異なることを指摘し、中国国内の漢語も「華語語系」の一部として捉えるべきだと主張する。

　王徳威の論述で注目に値するのは、ディアスポラをめぐる議論だろう。ディアスポラの終結をゴールと見なす史書美に対し、王徳威は終わりのないディアスポラを論じる。そこでは華語語系の「三民主義」として、①「移民」から②「夷民」（異国の統治下で文化的政治的自主権を失った状態）へ、さらに③「遺民」（現地の文化に融け込むことを拒絶する）へという段階的な構図が示される（王2015b：14）。それに従うと、現在は遺民段階の次の「ポスト遺民」の時代を迎えているということになる。そこでは、遺民意識は「現代」化の進行によっても消失することなく、現代化・ポスト現代化の洗礼を経て存続し続ける。「ポスト」はある時代の終結のみならず、時代が終わらないこと、来たるべき未来に予め準備された「メタ」過去・歴史ともいえる。未来のために歴史を発明し、常にすでに失われている国家や地方のルーツを作りだそうとする「ポスト遺民」心理が海外華人の「正統」なる中国に対峙する最大の動力となっていると指摘される。華語語系はその時、具体的な、あるいは想像された空間の存在となり、社会によって命名され、樹立され、「境外」として処理され、他なる場所すなわちヘテロトピアとなる。したがって、華語語系文学とアングロフォンやフランコフォンとは単純に併置できないということになる。両者の相違は、「ポスト遺民」思考を正視し中国の幽霊に向き合うことではじめて理解できる。

Tsu, Jing（石静遠）の華語語系論

　主に英語で著述する在米の学者Tsu, Jing（石静遠）も、その著書 "Sound and script in Chinese diaspora"（2010）において、音声と表記の面から中国語使用の問題を扱っている。タイトルに「チャイニーズ・ディアスポラ」とある通り、ディアスポラ研究としての華語語系論述であり、中国内外の華語社会で、言語共同体を作るのを可能にするための外部との折衝、すなわち「ガヴァナンス」が問題とされる。ここでいうガヴァナンスとは、トップダウン的なコントロールの形式というより、その中で言語連合（linguistic alliances、言語圏）と文学作品が認知と権力の動機をめぐってどのように自己を形成してゆくかを意味する（Tsu 2010：12）。Tsuの論述でユニークなのは、華語を文化の媒体のみならず「資本」でもあると捉える点で、そこでは華語語系は常にその外部との関係の政治という視点から描き出される。不平等・非対称性を含みながらもその時その場での動機に着目するのがTsuの姿勢である。華語語系を閉じたものとして、一つの規範に収斂されない雑多な「華語」によって中心的、規範的な「中文」に対抗するという点にのみ注目し、華語語系内部のせめぎ合いをひたすらに観察する姿勢とは一線を画する。そこではバイリンガルとしての中国語使用が大きく取り上げられ、林語堂や張愛玲、ハ・ジンのほか「最初のフランス語・中国語バイリンガル作家」である陳季同までが論述の対象となる。

マレーシア出身の華人研究者の立場から（馬華文学と華語語系文学）

　このほか、マレーシア出身の文学者たちもそれぞれに華語語系に関連する議論を展開している。マレーシア華人による中国語文学（馬華文学）の位置づけは、華語語系文学の議論と密接に連関するからである。

●張錦忠のポリシステム理論

　張錦忠（Tee, Kim Tong、1956年生）はマレーシアのパハン州クアンタン出身で、1981年に台湾に渡り学業を修めた。その後も台湾で文学・研究活動を続け、現在は中山大学外国文学科の教壇に立っている。

　張錦忠はこれまでの議論を集約した著書『馬来西亜華語語系文学』において、華語語系文学を議論の枠組みとして使用し、「馬華文学」を中国の境外の華語語系文学の組織構造と場（champ / field）に存在するものだとしている。それは複数の言語空間から成る文学ポリシステムないしコミュニティを形成する華語語系文学であり、「ディアスポラ華文文学」すなわち中国の外でディアスポラの状態にある華文文学だと見なされる（張2011：9）。

　「馬華文学」という用語は、一般的にマレーシア華人が華文（中国語）を用いて記した文学作品を指すものとして理解されるが、細密に定義しようとすると一定の困難性を伴う。張錦忠は「馬華文学史」の構築について、「常に馬華文学を新たに定義し直し、書き直す」行為だと述べている（張2004）。華語語系の枠組みの中では、それは「マレーシア華語語系文学」（Sinophone Malaysian Literature）を指すものとして定義し直される。

　張錦忠は「海外華文文学」や「世界華文文学」という用語の問題点として、一つには中国ないし台湾文学の「中文」（中国語）を正統とし、他者を取り込もうとする動機が明らかであることを指摘している。「グローバルな中国語」（global Chinese）によって挙がった声は、中国や台湾文学の「海外版」ではあり得ず、作者の立場も中国や台湾の国民ではないことが多い。したがって「海外華文文学」という呼称は適当ではない。もう一つには、こうした華文文学作品はそれぞれ個別の地理的空間において生まれたものであり、「世界華文文学」という呼称にはなじまない。こうした理由を踏まえ、中国の外で生まれた文学のレパートリーを名指すために「華語語系文学」という語が生まれたと説明される（張2011：10-11）。

　張錦忠の議論でとりわけ卓越するのは、イーヴン・ゾウハー（Itamar Even-Zohar）のポリシステム理論を援用して馬華文学の重層的な構造を記述した点であろう。ポリシステム理論においては、単一の言語の文学史のみに注目して他者を無視するのではなく、複数の言語空間の重層性が注目される。たとえば中国文学の馬華文学に対する影響を検討するために、19世紀のシンガポール・マラヤ・ボルネオ華人の間では閩語・粤語・瓊語などの周囲

を英語・マレー語・ババマレー語・タミル語・イバン語などが取り巻いており、言語的に複雑な状態であったことを考慮せねばならないと指摘される。そうした状況下で、詩を作り文を為すのがどういった知識背景を備えた人々であったか、古典詩詞や古文が華人社会でどのような役割を果たしたかには新たな検証が必要であるという見方が示される。これは先述のTsu, Jingの議論とも重なるものだろう。

●黄錦樹のマレーシア華人文学／華裔マレーシア文学論

　馬華文学をめぐる議論に最も熱心に参与し活発に発言しているのが、マレーシアのジョホール州クルアン生まれの文学者・黄錦樹（Ng, Kim Chew、1967年生）だ。華人社会の出資によって運営される、中国語で教育を行う私立高校に通った彼は、卒業後に台湾に渡って大学に進学し、博士課程までの学業を修めた後、台湾で大学の教壇に立ちつつ、同時に創作の筆を執り続けている。研究活動と並行して精力的に作品を生み出し続けている彼にとって、馬華文学は議論の対象として存在するものではなく、マレーシアの華人社会、その歴史や集団の記憶と切り離すことの出来ないものであり、自身もその存在によって馬華文学を構築し続けているといえよう。

　黄錦樹は馬華文学の定義について、「マレーシア華文文学」から「マレーシア華人文学」あるいは「華裔マレーシア文学」（華馬文学）とすべきであると見ている（黄2015）。そこでは華人の範囲を最大限に広く取り、中国語を話す力を持つ必要はなく、エスニック・アイデンティティを有しなくても構わないとする。異なる言語で教育を受けた華人の間に存在する（心理的な）懸隔を突破するために必要な操作だという理由からだ。この「華裔マレーシア文学」なる概念を具体的な作品集として示したのが、張錦忠、荘華興との共同編集により2008年にマレーシアで刊行されたアンソロジー『マラヤへの帰還』（回到馬来亜）である。そこにはマレーシア華人作家の中国語、英語、マレー語による作品が収められる。ただし、こうした試みは少なくとも三言語に精通した編者が統括することが必要であり、単一言語の文学の輪郭を描くより困難ははるかに大きい。十年を経た後も、未だ同様の作品集が見られな

いことから、誰にでもおいそれと手を出せる作業でないことは想像に難くない。

黄錦樹自身は「華語語系文学」という用語からは距離を取っており、中原の正統を示す「中文」に対して混成的な「華文」で書かれた文学との意で「華文文学」を用いているが、こうして見るとその問題意識は、「華語語系文学」の枠組みで論じられるものと重なるのが分かるだろう。

荘華興による翻訳文学の位置づけ

他方、在マレーシアの研究者であり、マレー語と華語の双方で書く作家でもある荘華興（Chong, Fa Hing、1962年生）は、張錦忠や黄錦樹と同様に、「馬華文学」を必ずしも華人性と結びつくものと捉えてはおらず、華裔作家の中国語による作品には限られないと見なしている。ただし彼の着眼点でユニークなのは、馬華文学の輪郭を描き出す際に翻訳文学をもその範囲に含める点である。彼がとりわけ注目するのは、特に50年代にさかんであったマレー語文学の華語への翻訳である。翻訳を経て中国語となったほかの民族の作家による作品が、馬華読書界で広く流通し、消費され、海賊版まで生まれていたとすれば、それは馬華文学の本質に合致するというのが彼の姿勢である。したがって、中国語の作品であればすべて、原文であろうが訳文であろうが、文学性（literariness）を備えておりさえすれば、馬華文学という概念の複雑な本質に合致するということになる（荘2004）。

山口守の「母語」再考

日本で華語語系に関して主に発言しているのは、中国文学者の山口守である。山口は「その複雑な状況から創作される文学を、単に華語文学或いは華文文学と呼ぶだけでは、ディアスポラ問題が消えることはなく、またそのディアスポラ問題がある限り、華文文学・華文文学は中心たる中国文学から延伸された周縁と位置づけられてしまう」（山口2017：176）として、史書美に比較的近い立場を表明している。

157

山口は西成彦が『バイリンガルな夢と憂鬱』において指摘している「母語内部に日本語や朝鮮語が内包されている『割り算』のバイリンガル」の存在に着目し、華語語系文学の中で「割り算」としての母語について思考してゆく。そこでは台湾の原住民作家リグラヴ・アウ（Liglav Awu、利格拉楽・阿𡠹）やチベットの阿来、ペマ・ツェテンが論述の対象となる。リグラヴ・アウは「母語が漢語とパイワン語で『割り算』の状態にあるばかりか、話し言葉と書き言葉でも母語が一致していないのだが、逆にそれが文学創作の原動力となり、華語語系文学の包括性の好例となっている」（同前：80）作家である。

二．これまでの議論を踏まえて（今後の展望）

非母語による文学としてのSinophone
●多和田葉子の「エクソフォニー」的Sinophoneの可能性
　華語語系文学がディアスポラ研究と重なりを持つ以上、議論の中心は必然的に、中国を起点として外に向かってゆく華人の文学となる。「アゲインスト・ディアスポラ（反離散）」を謳う史書美でさえ、やはり華人作家を議論の中心に置いている。他方、先に触れたように、山口守は台湾原住民や中国のチベット人作家の作品を手掛かりに、華人性と華語語系文学との関係を問い直しているが、華人でない作家や華人ルーツから距離を取っている作家をこのように中心に据えるのは、華語語系の議論においてはまだ主流とはいえない。ただ、山口はいずれも、書き言葉としては華語（漢語）を母語ないし第一言語としている作家を取り上げている。
　華語語系文学のフィールドで論じられることが稀なのは、「割り算」の母語としてすら中国語を持たない作家である。多和田葉子は非母語による文学を旅したエッセイ集『エクソフォニー』の中で、「『外から人が入って来て自分たちの言葉を使って書いている』という受けとめ方が『外国人文学』や『移民文学』という言い方に現れているとしたら、『自分を包んでいる（縛っ

ている）母語の外にどうやって出るか？ 出たらどうなるか？』という創作の場からの好奇心に溢れた冒険的な発想」（多和田2003：6-7）を「エクソフォン文学」と捉えている。とすると、母語の外が華語語系であるような作家、つまり母語が華語語系の外部に位置する作家の生み出した、「華語語系エクソフォン文学」にはどのような可能性があるだろうか。韓国の許世旭と日本の木下諄一の例を考えてみよう。

● 許世旭（1934-2010）

　許世旭は1934年韓国に生まれ、61年から8年間にわたって台湾師範大学での留学生活を送り、学部から修士、博士と中国文学を修めた。留学中に中国語による詩文の発表を始め、1972年には台湾で刊行された『中国現代文学大系』の散文巻に作品が採録されている。この大系が韓国人の許世旭を入集させたことからは「中国文学」の範囲に関する新たな思考が窺えるが、その一方で東南アジア華人の作品はまだ一篇も採られていないことについても留意すべきだろう。2010年に逝去し、翌年に刊行された『2010年台湾詩選』の物故詩人の小特集には短詩「カササギの巣（鵲窩）」が掲載された。

　日本植民地期に小学校教育を受け、この時期に中国への憧れが胚胎したことを語っている。中学3年で読んだ「北京の印象」なる文章がきっかけで中国への恋に落ちたという。朝鮮戦争のため家塾に入り、そこで千字文を学び、2年後に大学の中国文学科に入学した。

　散文は小品文に属する短いエッセイが中心で、平淡ながら風趣ある筆致で身近な題材を取り上げたものが多い。台湾留学中に書かれた作品には異郷の客たる書き手の情が溢れるが、韓国について特に記すことはなく、韓国社会や文化を台湾の読者に紹介しようといった姿勢は見受けられない。韓国人が中国語で書くといった気負いは文中からは感じられず、ごく自然に中国語の中に佇んでいるようでもある。

● 新井一二三と木下諄一

　それに対して、日本生まれの中国語作家にとっては日本がテーマとならざるを得ないようである。

日本語を第一言語とする作家で、中国語圏でもっとも知られているのは新井一二三（林ひふみ、1962年生）だろう。日中両言語で執筆する極めて多作な作家であり、記者としての基礎に加え中国、カナダ、香港各地の在住経験に基づく文化観察を、多く新聞コラムの形で発表しており、著書は簡体字と繁体字の双方で刊行され、両岸に多くの読者を有する。

　興味深いのは、台湾の書店で新井一二三の著書を探すと、多くは日本文学の棚に配架されていることである。「日本人中国語作家」（日籍中文作家）と中国語世界では紹介されるが、読者からは日本人であるという作家の属性が重視されていることが窺われる。

　また、台湾で長編小説を刊行している日本人作家には木下諄一（1961年生）も挙げられる。2008年に第11回台北文学賞の創作助成金部門に入賞し、受賞作品『たんぽぽの綿毛』（蒲公英之絮）は2011年に印刻出版社から刊行されている。これは台北市文化局の主催による文学イベントで、中国語で執筆しさえすれば応募者の国籍や居住地は問わないというものである。ただし、「台北経験」をテーマとすることが条件とされるため、受賞作品は何らかの形で台北の街を描き出したものとなる。『たんぽぽの綿毛』も台北在住の日本人の姿を描いた群像劇だ。

　この作品に関して興味深いのは、装丁から窺える対象読者だ。表紙には「たんぽぽの綿毛のように／時間という風に流されて、／空を彷徨い、遠く海を越え、／気がつけば──台北にいた。」と題名の左側に日本語で印刷され、帯には推薦者として作家の詹宏志、台湾で活躍する女優の田中千絵、映画監督の北村豊晴が名を連ねている。台湾の文芸書の場合、こうした人選には露骨にコミュニティーの色が現れる。原住民文学は多く原住民作家が帯文を書き、馬華文学なら馬華作家・研究者が推薦者となる。そこから想像がつくのは、出版社は何よりも作者の日本性を重視しており、日本人作家によって描かれた台北の姿に関心を持つ読者の存在が想定されているということだ。

移民工文学をめぐって

　華語語系文学は中国を起点にその外に拡散してゆくあり方の中で論述され
てきた。しかし、外から入ってきた人間が中国語で書くというベクトルにつ
いての考察はまだこれからだろう。華語語系文学が華人性と切り離して考え
られるかどうかについては、許世旭や新井一二三、木下諄一のような非母語
作家、また特に台湾の場合は、これから作家を輩出するであろう「新移民」
ないし「新住民」と呼ばれる、国際結婚によって台湾に移住した人々やその
子供たちの作品に注目してゆく必要がありそうだ。

　台湾文学者の倉本知明は、外国人労働者すなわち移民工が自分たちの母語
ないし母国語で執筆し、中国語に翻訳されて台湾で受容される「移民工文
学」をめぐり、次のように指摘している。移民工文学は「国語」によってモ
ノリンガル化されているものの、その舞台は本来「創作者の母（国）語に加
えて、中国語や閩南語、客家語や原住民諸言語など、移民工たちが生活する
上で触れざるを得ない複数の言語空間が出現する場所」（倉本2018：75）であ
り、読者には「複数の言葉が交じり合い、ピジン〔引用者注：言語接触によ
って生じる混成言語〕化された移民工たちの言葉のシンフォニーを常に二つの
『国語』の向こう側に読み解く力が求められる」（倉本2018：78）。

　こうした翻訳を介した創作の営為も、華語語系文学の臨界点を押し広げて
いるといえるだろう。

華語語系文学の臨界点

　「割り算」としての華語の使用は、文学においては複数言語による執筆と
して実践される。しかし、それは最終的には華語の臨界点を超え、華語語系
の枠すらはみ出して、外部を侵食することになるだろう。

　華語語系の外部としての日本語文学に関してはどうだろうか。外部の側に
視点を置けば、華語の姿をした異質な言語によって侵食されるということに
なる。日本語の中に華語語系文学が浸出するとしたら、そこにどのような文
体が生み出されることになるのだろうか。横山悠太『吾輩ハ猫ニナル』はそ

の可能性を示唆している。

　そこには「日本語を学ぶ中国人を読者に想定」したという体裁で、日本人の父と中国人の母の間に生まれ中国で育った青年の視点を借り、「独自規則（ルール）として『季語』の代りに『華語』を入れる」という「俳句（フェイク）」の世界が展開される。試みに一部を引用してみよう。

原野大海大天空　　　のばら　うなばら　あまのはら
棉服火口吾妻祠　　　どてら　かるでら　あずまでら
游撃烈酒廃墟処　　　げりら　てきいら　やけのはら（横山2014：37）

青年は漢字とひらがなのそれぞれの句の対応を次のように説明する。

　　これは日本国文部科学省検定済の小学一年生の国語の教科書に載っている類の童謡（わらべうた）でもなければ、中華人民共和国の語文の国定教科書に載っている類の典型的な七言律詩でもない。まず、これは詩ではない。言葉（ことば）は浮萍（ウキクサ）のように遊離（ゆうり）している。何方かといえば接龍（しりとり）のような遊戯に近い。いうなれば、二層の拼図遊戯（パズルゲーム）である。一片を手に拿ると、もう一方の層の一片が影のように呼応して動く。しかし両層の片の形は異っている。よって一方の片がうまく拼（は）ったとて、それに呼応するもう一方の片がうまく拼（は）るとは限らない。（同前：37-38）

　「二層の拼図遊戯（パズルゲーム）」との言から想起されるのは、江戸期の初期読本に見られる中国白話小説の翻案の手法である。中でも「読本」ジャンルの創始者とみなされる都賀庭鐘は、日本を舞台に中国の物語を翻案するに際して、日本の歴史の中から対応する人間関係や出来事を探し出し、さながらパズルのように新しい作品を組み立てた。和漢雅俗混淆と評されるその文体も、漢文脈を基調として原文の白話語彙を多く借用した箇所が目立つ。現代中国語の語彙を日本語の文章中に大胆に多用する『吾輩ハ猫ニナル』の文体は、庭鐘ら

の試みを現代に置き換えたようでもある。

　してみると、日本語文学の歴史の中には、すでに白話小説の文体を日本語の中に迎え入れようとする試みがあったといってよいだろう。それは現代にも通じ、白話小説を華語語系文学に置き換えたとしても恐らく成立するだろう。華語語系文学の臨界点を日本語文学の中に迎え入れる可能性がすでに存在しているといえるのではないだろうか。

　「漢文脈」の概念から検討を加えてみよう。

近代以前の漢字・漢文の使用と連続性を持ちうるか

　斎藤希史は漢文脈について、「漢詩や漢詩文を核として展開したことばの世界」（斎藤2014：18）と定義した上で、それは中国古典の知的世界に自分自身を参入させるという思考や感覚の型であり、同時にすぐれた翻訳の道具であるという二つの極から捉えている。加えてここで指摘されるのは、漢字や漢文という書記言語の伝播によって、地域言語をどう書くかという思考が促され、地域の固有性や多様性が喚起されたという点である。

　これと類似する議論は金文京によっても展開されている。「漢字文化圏」という概念を退け、「漢文文化圏」と見なすことで「漢文を従来の規範的漢文のみにとどめず、漢字で書かれたすべての文体をそこに含め、それら多様な文体の実態とその相互関係を解き明かす」（金2010：230）ものである。

　こうした地域言語をも含みこむ漢字や漢文の使用は、華語語系／Sinophoneとも重なり合う部分を持つはずだ。華語語系文学と華人性との結びつきをほどいてゆくためには、漢文脈ないし漢文文化圏の視点から華語語系への連続性を考えてゆくことが有効だろう。

　日本語文学の中には規範から外れる文体も含めて漢文によるテクストが存在し、それと並行して漢文脈の流れがあった。読本の和漢雅俗混交の文体をそのスペクトルの中に位置づけることも可能であろう。それと同様に、中国語を含む複数言語の混在する空間が執筆の起点となる時、そこから生まれるのは華語語系文学であると同時に、日本語文学をはじめとする様々な言語の

文学でもありうる。極言すれば、日本語の中にその響き<ruby>フォン</ruby>を潜めているのなら、日本語で書かれた華語語系文学も存在しうるということになる。すなわち、華語語系文学は明確な輪郭を有する総体としてではなく、流動的な侵食の運動として存在するものだといえよう。

【参考文献】

〔日本語文献〕

葛兆光／辻康吾監修／永田小絵訳『中国再考　その領域・民族・文化』岩波現代文庫、2014年。

金文京『漢文と東アジア　訓読の文化圏』岩波書店、2010年。

倉本知明「移民工文学賞という試み：包摂と排除の狭間で」『日本台湾学会報』20号、2018年。

斎藤希史『漢文脈と近代日本』角川書店、2014年（初出はNHKブックス、2007年）。

多和田葉子『エクソフォニー　母語の外へ出る旅』岩波書店、2003年。

中国モダニズム研究会編『中国現代文化14講』関西学院大学出版会、2014年。

西成彦『バイリンガルな夢と憂鬱』人文書院、2014年。

パン，リン編／游仲勲監訳／田口佐紀子、山本民雄、佐藤嘉江子訳『世界華人エンサイクロペディア』明石書店、2012年。

藤井省三『中国語圏文学史』東京大学出版会、2011年。

山口守「中国文学の本質主義を超えて――漢語文学・華語語系文学の可能性」『中国――社会と文化』第30号、中国社会文化学会、2015年。

山口守「アフター・バベル――華語語系文学が聞き分ける声」『三田文学』2017年秋号。

横山悠太『吾輩ハ猫ニナル』講談社、2014年。

〔中国語文献〕

『2010台湾詩選』二魚文化、2011年。

黄錦樹「反思「南洋論述」」『華文小文学的馬来西亜個案』麦田、2015年。

木下諄一『蒲公英之絮』印刻、2011年。

木下諄一『随筆台湾日子』木馬文化、2013年。

史書美『反離散　華語語系研論論』聯経、2017年。

王徳威「華夷風起　馬来西亜与華語語系文学」『華夷風起　華語語系文学三論』国立中山大学文学院、2015年（2015a）。

王徳威「文学地理与国族想像　台湾的魯迅、南洋的張愛玲」『華夷風起　華語語系文学三論』国立中山大学文学院、2015年（2015b）。

王徳威、高嘉謙、胡金倫編著『華夷風　華語語系文学読本』聯経、2016年。

許世旭『許世旭散文選』百花文芸出版社、1991年。

許世旭『許世旭自選集』黎明、1982年。

許維賢『華語電影在後馬来西亜 土腔風格、華夷風与作者論』聯経、2018年。

張錦忠「緒論 我們怎様従反思馬華文学到重写馬華文学史」『重写馬華文学史論文集』国立曁南国際大学東南亜研究中心、2004年。

張錦忠『馬来西亜華語語系文学』有人、2011年。

張錦忠、黄錦樹、荘華興編著『回到馬来亜 華馬小説七十年』大将、2008年。

荘華興「文学史与翻訳馬華 政治性与定位問題」『重写馬華文学史論文集』国立曁南国際大学東南亜研究中心、2004年。

〔英語文献〕

Shih, Shu-mei, *Visuality and identity: Sinophone articulations across the Pacific*, Berkeley: University of California Press, 2007.（中国語訳に史書美、楊華慶訳、蔡建鑫校訂『視覚与認同 跨太平洋華語語系表述・呈現』聯経、2013年）

Shih, Shu-mei, *Introduction: What Is Sinophone Studies?* In Shih, Shu-mei, Tsai, Chien-hsin, and Bernards, Brian（Eds.）*Sinophone Studies A Critical Reader*, Columbia University Press, 2013.

Tsu, Jing, *Sound and script in Chinese diaspora*, Harvard University Press, 2010.

華僑華人のネットワーク

—社会ネットワークから地域ネットワークへ—

濱下　武志

はじめに——移動・移民・難民

　これまで移動から定着へ、移民から現地融合へ、という方向で進められかつ目標とされてきた移民問題は、現在グローバリゼーションによる世界的な情報ネットワークが日常生活レベルまでに及んでいる中で、新たな移動や移民さらには難民の条件が増大しているという状況が生まれている。このことは、これまでの移民から定住へという方向とは逆に、今後定住から移民へという方向が大きくなることを示唆している。しかしながら、同時に、情報のグローバリゼーションと並行して進んでいる国境の閉鎖政策や移民管理の強化という現象は、移動や移民の動きにむしろ逆行する作用を果たしている。

　その中で生じている移民現象は、南北関係の中では難民として、南南関係の中では年齢、技術、性別、仲介業者の有無、社会ネットワークの有無などの条件によって制約され選別された労働移動としての移民である。一方では移民先に定着することを追求しながら、他方では、現在のグローバル化の中で、情報の動きが世界的にネットワーク化され、すべてのヒトは管理の対象となっている。この一見両極端にあるように見える問題をどのように新たなネットワークへと組み合わせていくのか。このテーマに対して華僑華人の社会文化ネットワークはいかに対応していくのか、非常に大きな歴史的な転換が進んでいるといえよう（重松1986、奈倉2012、鄭2006、『現代思想』2019）。

　本章では、華僑華人の移民ネットワークの歴史やその背景にある社会ネットワークを検討し、100万人を超えるともいわれる現在のアフリカへの新移民までの動きを概観するが、これらの華僑華人の動きはこれまでの歴史にお

いてもそうであったように、現在日本で生活する我々にとって身近なもので
あり、またこの動きに密着することが必要であるということを、東アジア世
界の一員として考えてみたい。また、華僑華人の歴史の中で東南アジアは中
心の位置を占めるが、そこでは印僑インド移民も共通する歴史を持ってい
る。その点からも、インド移民との比較検討も視野に入ってくる（Rudner
1994）。

一．ヒトの移動の歴史

1－A 人的資源と自然資源の循環

　人類社会は歴史的に移民と定着の過程を繰り返してきた。これを地球規模
で見るならば、人的資源と自然資源との交渉の中で生じたヒトと自然の循環
過程であったと見ることが出来る。地球の気候区分の違いにより、より自然
資源が豊かなところへの移動が促され、そこに新たな人的資源と自然資源と
の交換・循環過程が生じた。その過程の中で農業を基本とする自然資源を求
めて移動と定着を繰り返してきた人類社会は、極めて長期にわたって温帯と
亜熱帯の気候区分の中で人口の多くを包摂する形で生存圏を形成してきた
（Amrith 2013）。

　その後、温帯北部・亜寒帯の地域が、蒸気機関などの新たな動力の開発に
よりいわゆる工業化の方向を進め、それを可能にする地下資源を含む原材料
資源を求めて、亜熱帯・熱帯地域へと移動を開始した。ただしこの人的資源
と自然資源との循環は、それに対応した人的資源の移動を伴うというより
も、労働移民を除く移民そのものの量的な規模は限定的であり、いわゆる交
通・運輸手段の拡大によって、両者の循環が図られてきた。歴史的にはいわ
ゆる奴隷貿易に始まる強制的な労働力の移動に始まり、植民地や帝国主義と
表現される時代として、19世紀から20世紀が特徴づけられる。そこでの人的

な移動や移民は、農業社会を基礎とするというよりも、工業社会における工業化・資源開発と、そのための労働移動として特徴づけられる。従って移動や移民は、綿花など工業原料を生産する農業地帯への移動と、並行して労働力を蓄え工業化の需要を満たす都市への移動でもあった。

1-B 歴史過程の中の移民

従来、移民ネットワークの形成として、移民の側から検討されてきた歴史＝現代世界における移民問題を、歴史的な地域間関係の展開が生み出したものとして、国際秩序とその変動という視点からまとめてみると、以下の5期に分けて考えることができよう。

(I) 東アジア・東南アジア朝貢秩序下の移民：7世紀—19世紀

インド東海岸の商人グループによる東南アジアとの貿易、東南アジア各地の商人による海洋交易、中国東南海岸、琉球の商人による東南アジアと東アジア間の交易が、朝貢貿易による管理交易と、それを取り巻く地域間交易によって成り立っていた。そこでは、胡椒、米、砂糖、蘇木などの特産品をめぐって、投資や労働移動が起こっており、規模の違いはあるものの、その性格においては後のいわゆる植民地時代における経済構造の基本形とも呼べる現象が存在している（Viraphol 1977）。

(II) 植民地—帝国秩序下の移民：16世紀—20世紀

植民地—帝国秩序下の移民は、スペイン・ポルトガルの世界分割、オランダ・フランス・イギリスによる植民地—帝国秩序による、いわゆる奴隷貿易・広域移民などによって特徴づけられる（Mathieson 1929）。

また同時に、この時期は、前時期の朝貢関係によるゆるやかな地域間関係を形成した南・東南・東・北東アジアが歴史的に経営してきた地域間交易活動に、ヨーロッパが参入して異なる地域秩序を形成し、両者の重層時期であるとも見なすことができる。

蘭領インドのバタビア、仏領インドシナのサイゴン、イギリスの植民地政策の中で現れた香港とシンガポールなどの移民・移動中継地の形成が広域移動と不可分に関係している（Ng 1983）。

(III) 国家と「国際関係秩序」下の移民：19世中葉—20世紀初頭

19世紀末から20世紀初頭にかけて、すなわち清末から民国初年にかけての移民問題は、国際関係の下で制度的にもその地位が明確化された。1866年の清朝によるイギリスとの移民条約締結に見られるように、1）植民地・帝国秩序側からの大量の労働力の需要による移民を、清朝側が公認し、2）国家統治の下に国籍法が制定され、華僑の法的身分的な位置が明確化された。それに伴って、いわゆる華僑政策が制度的に打ち立てられた。そして清末から民国初年の滅満興漢の辛亥革命を通じてナショナリズムが高揚し、在外華僑社会においても、政治的にまた資金的にも革命支援のナショナリズムが示された（BPP 1868：14、BPP 1858：17、可児1979、Harper 2010）。

(IV) 第二次世界大戦から冷戦構造下の国際関係と移民：20世紀

第二次世界大戦期から冷戦構造下の移民は、避難のための周辺地域への移動であり、とりわけ東南アジアと中国東北地方への両方向への移動は際立っていた。そして、祖国支援をおこなう人的・資金的な移動は中国に向かった。また、戦後の東アジアは直ちに冷戦構造の中に組み込まれ、世界の主要な分断国家のうちドイツを除く朝鮮半島・中国・ベトナムの3つまでもが東アジア・東南アジアにあり、内戦や戦闘状態に陥ったことは、上記の第二次世界大戦期における当該地域の状況を凌ぐともいわれるものであった。また、米ソのヘゲモニー角逐によって形成された広域地域間の緊張は、新たな移民の吸引力と排出力を形作った。

(V) グローバリゼーション下の移民：21世紀初頭

グローバリゼーションの動きによる新たな移民は、冷戦構造を背景とし新たな地域秩序を模索している。その特徴は、一方では、冷戦構造時の米ソのヘゲモニーが後退した結果、歴史的に"取り残されてきた"さまざまに異なる地域秩序と、その中でかつて発生し冷戦構造の中で押さえ込まれてきた地

域の自己主張が一斉に"順不同"で登場したことである。そこでの移民は、グローバル・リージョナル・ローカルすべての領域で解き放たれ、労働移民・紛争による難民移民・文化的な高度テクノクラートの移動がおこなわれている。「華人世界」という新たな世界イメージや民族イメージさらには文化イメージを表現する"グローバル"な概念が形成されつつある現在進行中の移民状況が出現している（Sussman 2011）。

　以上の5つの時期と主題は、それぞれ移民問題に関する歴史的な展開に関連しているが、それらは必ずしも継起的に現われることはなく、むしろ重層しながらの展開であった。このことは、一面ではヒトの移動が国家や国際秩序の下で規制され管理されてきたことを意味している。しかし、他面では移民問題は国家や帝国、さらには国際関係の下に完全に収められるものではなく、むしろ国境や領域を越え、広域地域関係の中で多様な在り方を重層的なネットワークとして表現してきたことを示している。

二. 宗族原理と社会ネットワーク

2-A 移民社会と「ネットワーク論」

　華僑という表現は、これまでは国家や民族との関連の強弱によって位置付けられてきた。すなわち華僑は、移民先においても移民元の国籍を有する場合に使われ、華人は、現地の国籍を取得し、いわゆる現地化した華僑に用いられる。基本的には、現地化の程度あるいは本国との政治的な距離を表す呼び方であるといえる。すなわち、中国から見るならば、華僑は歴史的には早期に移民したグループとしてありながらも、中国との近接性はむしろ強いといえるのであり、時代的には新しい華人という表現は、東南アジアで生まれ育った第二世代を指すものであり、移住先の現地に対する帰属意識に支えら

れているという意味において、近接性は薄く本国との距離は遠いと見なされる。さらに、移民第三世代を華裔（華僑の末裔）と呼ぶことがある（Wang 1981、Cushman, Wang1988、庄2001、Brown 2006）。

1980年代半ばから、韓国・香港・台湾・シンガポールのいわゆる4匹の小龍の経済発展が顕著になったとき、東南アジアを中心とした華僑華人ビジネスのつながりを表現するものとして、ネットワーク論が登場した。社会学で言う拡大家族のネットワークがビジネスネットワークの理論として強調された。業縁＝ビジネスネットワークが、血縁＝同族ネットワークや地縁＝出身地グループのネットワークと結びついているという議論であった。また、東アジアの経済発展をマックス＝ウェーバーの「プロテスタンティズムの倫理と資本主義の精神」に対応させた議論になぞらえた新儒教の考え方の反映でもあった（呼2005、杜1989、黄1988）。

そして、ネットワークの持っている強さと共に、弱さの側面や成立の条件も同時に考える必要があるという点も、90年代後半から指摘されるようになった。ネットワークは、企業のような組織でもなければ、不特定多数が不特定多数と交渉する場としての市場行動ほどには公開性もなく、むしろその中間に位置する。すなわち組織に対しては、ネットワークは流動性、融通性を持つが、市場に対しては、ネットワークは選択的な結びつきを維持する点で排他的である。そういう形でネットワークは市場と組織の中間にあるという議論である。

さらに、ネットワークには中心のあるネットワークと中心のないネットワークがある。中心が強ければ、ネットワークは組織に近い形になり、中心がなければ、誰とでも交渉可能な市場活動に近くなっていく。華僑華人ネットワークあるいは印僑ネットワークを見ると、やはり中心が強調されている場合が多いと言える。その中心は同郷でもよく、同族でもよい。シンガポールのタミル移民のチェティアというグループの金貸し業者は、ヒンズーの神廟で神から金を借り、利子も決めるという儀式をおこなう。このように宗教

が中心の役割を果たしているビジネスネットワークの例もある。

2-B 華人社会ネットワークに見る三縁と五縁

　華僑華人社会にあって、ネットワークは人と人とのつながりを維持する絆として「縁」という表現をとって言い伝えられてきた。例えば、三縁（地縁・血縁・業縁）の結びつきが最も強いとされる同郷・同族・同業のつながりや、それらにさらに文縁と善意ある公共的な善行をおこなうという善縁が加わった五縁という社会的文化的ネットワークでもある。

　また、この五縁の内容分類については、基本の三縁に加え、神縁（信仰・宗教）と物縁（動産・不動産などの財産）の2つを加えて五縁と数える例も見られる。

　そして、これらの社会的文化的な関係＝華人社会の結びつきと社会的ネットワークは、それぞれに対応するネットワークがあり、古くから、とりわけ移民社会にあっては、共通の活動基盤となっていた（林2008）。

　これらの社会的文化的ネットワークは、広東系、潮州系、福建系、客家系、海南系などの出身地や出身グループを同じくする同郷ネットワークを基盤として形成されていた。そして、民間社会の投資金融ネットワークでもある「会（合会・標会・遙会）」や華僑送金などの民間の資金ネットワークが財政的な基礎を作っていた（上水流2005、濱下2016）。

2-C 宗族原理の拡大による「環地域宗族ネットワーク」の形成

　宗族原理が拡大して「環地域宗族」が形成されることは、シンガポール華人による例に見ることができる。そこでは宗族という「血縁」のみならず、そこに移民元の郷里との関係をしめす「地縁」関係、さらには家族企業を中心とした「業縁」関係を一括して表すものが見られる。タイのバンコクと広東省潮州地域や、シンガポールと閩南（福建南部）地域との関係の近接性認

識も注目される。そこでは、血縁、地縁、業縁が三位一体となった様子、とりわけ、1980年代以降の中国における改革・開放政策の下、タイやシンガポールと華南との交流の活発さを背景として、あらたに強化された資金流通のための伝統的な関係の再現がみられる。

　この動きは、拡大された宗族ネットワークとして、あきらかにグローバリゼーションの動きに対応する地域の特徴であるということから、むしろ、グローバリゼーションに対応する新たな華僑華人のうごきとしてとらえることができると考えられる（Brown, R. A. 2000、Cochran 1990、李2002、賈、石2007）。

三.　同郷原理とビジネスネットワーク
——潮州ネットワークの連環構造

　血縁、地縁、業縁が三位一体となった動きの歴史的な背景として、同郷出身の同族のネットワークが同業ネットワークを率いていることも珍しくない。とりわけ、華南と東南アジアとの関係としては、潮州出身グループによる潮洲ネットワークが歴史的に存在しており、これは、潮州・香港・シンガポール・バンコク間の米の取引や、送金業を中心とする商業・金融ネットワークとして知られる。

　すなわち、同郷出身のネットワークが移民元と移民先をつないでいるというネットワークだけではなく、それらの移民先・出先を相互につないでいるという周縁ネットワークとも呼ぶべき同郷原理に基づく商業ネットワークとなっているところに注目することができる。

　潮州の商業ネットワークを考える時、バンコク—シンガポール—香港—潮州とつながる通商ネットワークに注目しなければならない。この通商関係の特徴について、広州の中山大学東南アジア研究所とバンコクのチュラロンコーン大学中国研究所は長期の共同研究をおこなっており、以下に引用するような研究報告（一部）がある。

　戦前期におけるバンコクの潮洲系各商店は、貿易の内容において比較的明確な分業関係がある。すなわちおよそ米穀の輸出と食品雑貨の輸出入の2種類に分かれる。経営者は潮州出身の華商が中心であり、69のバンコクにおける香港—シンガポール—潮州の貿易商店のうち（ただしここには精米業と米商人は含まれていないが）、潮州出身の華商の商店が47あり、68％を占めている。また香港、シンガポールに関連する商店ならびにバンコクの精米業および米商店も主には潮州出身の華商によって経営されている。

　タイと潮州の貿易を中心として考えてみると、まず潮州籍の69の商店の中で、直接に潮州と貿易関係を持っているものは45あり、65％を占めている。次に潮州はタイの中国に対する直接貿易では最も大きな貿易港である。潮州は中国の東南沿岸の各港の中で上海、広州についで第3位の貿易量を持っている。潮州の中国沿岸の南北間の貿易港の間の貿易は極めて大きなものがあり、毎年潮州からタイに輸出される、あるいは香港を経由し、シンガポールから再輸出される場合もあるが、貨物の中で相当な部分は潮州の生産物ではない。上海の繊維製品、温州の傘、福建の茶、北方の薬材、天津の酒などが潮州商人の手によって買付けられる。潮州の対外輸出の大部分は国内の潮州人と国外の潮州人の間の貿易であるともいえよう。これはすなわち、潮州の生産品はその他の中国商品と同様に、潮州から輸出された後、みな上述の潮州出身の華南のネットワークを通ってタイに輸入されることを意味している。

　このタイと中国間の移民の中では大部分が潮州から来ており、海外華僑が故郷に送金する業務を取扱う華僑送金業（批局）を経営する者の多くは潮州出身の華商である。第一次大戦の前、バンコクの5分の4の批局は潮州人の開設したものであった。第二次大戦前にあってはタイの110店の批局のうち、潮州人が開設したものは75店、客家人が開設したものは20店あり、両者で86.4％を占めている。これは批局がみな中国貿易を副業としており、常に米穀を華僑送金の一形式として、潮州に輸出した

り、あるいは華僑送金が貿易の融資の手段となっていたことを意味している。

　これらのビジネスグループは家族企業が中心であった。1939年当時、タイの華商には八大家族企業集団があり、この八つの企業集団の特徴は経営者が全て潮州出身であり、彼等は香港—シンガポール—潮州の貿易活動を始めた時間が比較的に早いこと、経営の内容が多元的であること、資本が豊かであるという特徴があった。

　1939年の『南洋年鑑』によると、27のバンコクの重要な精米工場のうち61％はこの八つの集団に所属していた。そしてタイと中国の貿易と密接な関係を持っていた華商銀行、航運業などは基本的に彼等の手によって経営されていた。彼等は聯号組織という代理店ネットワークを持っており、支店は香港、シンガポール、潮州などにあって、大きな影響力を持っていた。集団の中心人物はそれぞれ華商の各経済組織の指導を担当しており、また各社区の様々な活動に対して大変強い指導力を持っていた。八大集団のうち、勢力が最大なものは黌利家族企業集団であった。この企業集団は澄海県の出身であり、事業は完全に香港—シンガポール—潮州貿易から出発していた。

　経営の内容は米穀の輸出、雑貨の輸出入、航運業、金融保険業に及んでいた。家族の主要な成員である陳守明は、かつてバンコク中華総商会の会長と中国の駐タイ国商務代表を務めたことがある（羅1997：75、Rudner 1994）。

　以上に見たこの潮州商業ネットワークは、地域的な差異を克服するために、潮州の同郷地縁関係を起点とする商業ネットワークを多地域間に張り巡らし、2地点関係のみであったならば成立し得ない多角的な地域連関ネットワークを作った例である。中国広東省の潮洲（汕頭）という起点と、タイのバンコクという目的地の間を、地域間ネットワークでつないだ環地域間の連環ネットワークが形成されたといえよう。同郷原理に基づく商業ネットワー

クは、地域間をつなぐ商業ネットワークへと展開し、それが、より恒常的な
関係を維持する機能を備えた「地域間ネットワーク」へと機能を多角化・多
層化させている。

四. 地域ネットワーク原理と拡大された移民ネットワーク

4−A 華僑送金ネットワーク

　華僑送金の種類には、1）家族・親族を養う、2）事業投資、3）慈善・公
益・寄付、を目的としたものがある。1）の家族を養うものに、土地の購
入・家の建築・墳墓の造成などの規模の大きい用途と、日常生活の家計の支
持として使われるものがある。2）の事業投資としておこなわれるものとし
ては、特産品に関係した工鉱業・農業にはじまり、交通運輸、商業・金融・
サービス業への投資、不動産への投資が見られる。3）の慈善・公益・寄付
については、教育・文化・宗教活動などへの寄付と、災害復興のための送金
があり、また、政治的には、国内の政治活動への資金提供もおこなわれ、辛
亥革命時や抗日戦争時などには顕著に見られた。
　歴史的には東南アジアへの大規模な移民が開始された19世紀末から20世紀
初頭の時期から、銀信局（民信局、銀信匯兌局とも呼ばれ、これらは福建系の送
金業者の呼称で、広東系は批局・批信局と呼ばれた）が重要な役割を果たしてい
る。これらは、移民の出身故郷のまとまりごとに組織されて営業しており、
同郷の信用関係が強く、多くの移民の零細な資金の送金を受け持っていた。
これらの信局が、移民先での送金引き受けを担当しており、他方故郷へ送ら
れた資金を受け取った本国側の金融機関は、銀号・銭荘などのいわゆる旧式
金融業者であり、19世紀後半からのサンフランシスコとの交易を専門的に
扱った香港の金山荘などもこの部類に属している。金山荘に見られるように
貿易に携わる商人や商社も貿易決算に直接に関係して華僑送金の資金を積極

的に利用した。

　併行して、これらの小規模かつ商業的な金融業者に対して、金融事業を専門とする銀行業や、為替送金を扱う郵便事業がこの華僑送金事業に参入した。このことによって、華僑送金という固有の性格を持った資金の流れが、金融市場全般における流動資金として取り扱われるようになった。銀行は、東南アジアに本店や支店を持つ華僑銀行や広東の四海通銀行などの華僑系銀行をはじめとして、中国銀行や上海商業銀行などの中国系銀行、さらには香港上海銀行などの欧米系銀行が送金業務に携わった。また郵便為替についても、郵局と呼ばれた中国の郵便事業以外にも、東南アジアにおいては、さきの信局も業務の一部としていたほかに、仏領インドシナや英領マラヤなどの植民地政府系の郵便事業も深く関係していた。たとえば信局の東南アジアから華南への送金方法が、1件ずつ送らずに小包方式で送っていたことに対して、仏領インドシナ政府が20世紀前半に抗議したことなどはその好例である（星馬：624-633、林ほか1998）。

4－B 華僑送金網にみる地縁・血縁・業縁の複合と地域の
　　重層ネットワーク

　地域間関係の形成が華僑華人の社会的ネットワークによって形作られたものであると同時に、地域間ネットワークがさらに社会的ネットワークを支え、拡大させている。たとえば東南アジア華人系の本国送金のネットワークを地域間関係としてみると次のようなことが言える。すなわち、シンガポールをはじめとして、バンコク・マニラ・ジャカルタ・ホーチミン（サイゴン）などの送金業者の総局（本店）では、聯号という出資のネットワークを持つ分局（支店）を福建・香港・広東に持ち、福建の分局は、さらに厦門・福州・泉州などの代理店へと送金し、それらが、最終的には受け手である家族・親族へと送り届けることになる。また広東分局は、さらに汕頭・海口（海南島）・広州各地区の代理店へと転送することになる。

　そのなかでも、香港の位置は特別である。歴史的には国際的な金本位とアジアの銀本位とを中継し相互に転換させる役割を担った金融センターであったことから、華僑送金も、この香港金融市場の特徴を最大限に生かすかたちで参入し、また積極的に投資活動がおこなわれた。そして、シンガポールにおけるインドと東南アジアとの中継ならびに国際金本位とアジア銀本位との中継という香港と共通する役割に加えて、シンガポールと香港との関係は、華僑送金資金を吸収しながらそれを運用するネットワークの根幹をなしていた。そして、改めて、送金ネットワークは、移民と交易のネットワークとの三位一体であると確認できる。典型的な事例として、シンガポールと香港に本店を置き、東南アジアに広く漢方薬を扱う余仁生や、送金ネットワークを広く持つ再和生信局などがとくに注目される。

　移民ネットワークの機能が、多様な条件を内部に吸収しながら民間地域秩序を形成していく動きは、これらの本国送金をめぐる金融市場の形成という観点からの検討も可能であると考えられる。すなわち移民は、資金や資本の移動としてヒトの移民ネットワークを内に含みながら、金融市場として現れ、そこにおける資金流通・資金運用の在り方は現代におけるデリバティブderivativeと呼ばれる「金融派生商品」の取り引きが、経験的にはすでにこれらの歴史的な送金ネットワークにおいて活用されていたと指摘することができよう（台湾銀行1914、鄭1940、林ほか1998、山岸2005）。

五．華人ネットワークと中華の吸引力・包摂力

　世界史の時代的変化の中で、それに対応して中華がどのように描かれまた変化して来たか、という歴史的文脈を見るとき、近代以降のとりわけ第二次大戦以降の冷戦時代を経て、改革・開放政策を進める中で、その政策的な象徴としての中華という表現は多く見られるといえよう。

　しかし、社会文化的な中国という側面から見た中華の特徴は、いわば歴史

文化によって社会に蓄積されてきた古典文化にも基づいた中華であり、それがさまざまな社会ネットワークとして機能する中華であるという点も見ておくことが必要であろう。すなわち、中華は一方では国家を超える地位にまで上昇することもあると共に、翻ってみると、身分職業を問わず一人一人の生活様式や思考様式の中に埋め込まれた中華でもあるという歴史文化の基礎を持っているということである。いわば社会の基底にあって社会ネットワークを規定していると同時に、民族や国家までさえも規定している中華という歴史文化資源であるということも注目したい（Yan 2011）。

　2014年11月、「一帯一路」政策として、義烏小商品マーケットの拡大や広州へのアフリカ移民などに象徴されるアフリカ大陸・ヨーロッパにまで及ぶ汎ユーラシアの陸海インフラネットワーク政策が開始された。1980年代から始まる改革・開放政策以降、陸路の交易の起点を担う浙江省の義烏市の小商品卸マーケットは世界最大の日用品マーケットとして世界を相手にした取引をおこなっている。そして、21世紀に入り経済政策・貿易政策・投資政策として打ち出された「一帯一路」政策によって、政府ならびに浙江省からの投資が積極的におこなわれている（中国周刊2009.8.15：64-68、陳2018、龍、劉2018）。

　他方、海路による中国とアフリカとの間の貿易は、21世紀はじめから急増している。その動きに伴ってアフリカ各国への中国からの移民・移住者は60万から100万に達するとも言われ、併行してアフリカから中国への移民・短期居住者は6万から10万人に達するとも言われている（Michel 2009）。これまでのアラブ・イスラームのネットワークのみではなく、キリスト教国からの移民も多いという特徴を持つ。

　広州は年に数回開催される広州交易会があり、1949年以後の中国で最も長い歴史を持つ国際交易港である広州へは、世界各地から貿易商人、仲買商人、卸や小売商人が集まってくる。とりわけ東南アジア・中東・アフリカからの貿易商が集中する。なかでも、イスラーム商人グループが大きな規模を持っており、広州の町それ自身が1000年以上にわたりイスラーム居住地区を

持ち、モンスーン季節風に乗って古代からアラブ商人が来航していた。

　長期にわたる海洋交易に基づく東西交易は、その後も一貫して海路・陸路を通しておこなわれ、20世紀には中央アジアにまたがる陸路の交易も様々な商人グループによって連携されていた（Haugen 2011、Haugen 2012）。

　これらの動きからは、華僑・華人・新華僑・新移民として中国各地から移民する華僑・華人が、本国とネットワークを結ぶことはもとより、多地域間の環地域ネットワークを作っていることが確認される。それと同時に、それよりもいっそう注目すべき動きは、外から中国へ集中する短期長期に訪問・居住・移住する移民グループである。相互のネットワークを活用し、中国との間で多様なビジネスネットワークを作る動きが拡大している。これは現在の中国の経済的な状況によるところが多いと考えられるが、同時に、いわゆる歴史的な中華が持つ吸収力と包摂力が官民の双方において現在作用している現れであると考えられる。

おわりに――ヒトの移動と地球環境

　まず、もっとも背景にあるヒトの移動は、自然との関係から導かれる。とりわけ現在、地球規模で考えるべき気候変動の課題がいくつか登場している。気象の変動による生活環境の変化については、すでに大きな影響が出ている。500年に一度という大規模な津波災害や強大化する台風の襲来によって、暴風雨や集中豪雨などは、これまでの日常生活には見られなかった環境の変化をもたらしている。また、これらの原因となる、海水の温度上昇による地球温暖化現象がある。これらの変動は、遠からず人間社会の生活圏や生存圏に大きな影響をもたらすことは必至である。たとえば、温度上昇によって近い将来に北海道がコメ生産の主要な基地となることが想定されたり、これまで小麦の生産地帯であった中国華北地域がコメの主要な生産地になるという変化も想定される。さらに、海水温度の上昇によって、南洋の魚介類の生息地が北上するという海洋生物の移動現象もすでに始まっている。

このような気象変化による生活環境の変化は、自ずから様々な形でヒトの移動を促すことになる。いわば、自然環境の変化によって人間社会が変化するという可能性は間違いなく強まっており、今後数百年規模の時間でどのような生活環境の変化に対応したヒトの移動と生活環境を実現するかという課題が生じている。華僑華人の移民は、長い歴史の中で地縁・血縁・業縁のネットワークを維持し、国家や帝国による統治の時代にあっても、社会的地域的ネットワークとしてその独自性を形作ってきた。このことに鑑みるならば、今後長期にわたる新たなヒトの移動の開始に当たり、改めて広義の中華に支えられた華僑華人の歴史的なネットワークの特徴を捉えることが求められている（Chaturvedi 2016）。

【参考文献】

〔日本語文献〕

『現代思想』青土社、2019年47巻-5、「特集　新移民時代」。

可児弘明『近代中国の苦力と「豬花」』岩波書店、1979年。

上水流久彦『台湾漢民族のネットワーク構築の原理』渓水社、2005年。

重松伸司編著『現代アジア移民　その共生原理をもとめて』名古屋大学出版会、1986年。

台湾銀行総務部調査課『南洋ニ於ケル華僑、附為替関係』第四章「為替関係」、1914年。

奈倉京子『帰国華僑　華南移民の帰還体験と文化的適応』風響社、2012年。

濱下武志『華僑華人と中華網』岩波書店、2016年、第2章。

山岸猛『華僑送金　現代中国の分析』論創社、2005年。

〔中国語文献〕

「星馬僑匯与民信業」『星馬通鑑』624-633頁。

「中国民間資本的海外心事」『中国周刊China Weekly』2009.8.15、pp.64-68。

陳肖英『従義烏市場透視全球化時代的海外華商網絡』中国社会科学出版社、2018年。

杜維民／高専誠訳『新加坡的挑戦—新儒家倫理与企業精神—』三聯書店、1989年。

呼書秀『中国与東盟発展——相互投資的法律機制研究』北京大学出版社、2005年。

黄光国『儒家思想與東亜現代化』巨流図書公司、1988年。

賈海涛、石滄金『海外印度人与海外華人国際影響力比較研究』山東人民出版社、2007年。

李元瑾主編『新馬華人：伝統与現代的対話』南洋理工大学、2002年。

林家勁、羅汝材、陳樹森、潘一寧、何安挙『近代広東僑彙研究』中山大学出版社、1998年。

林其鍒「"五縁"文化与未来的挑戦」『従亜太看世界』上海社会科学院出版社、2008年。

龍登高、劉宏『商脈与商道』浙江大学出版社、2018年。

羅暁京「公元1910―1941年泰国対華貿易与汕頭港」『泰国潮州人及其潮汕原籍研究計劃 第二輯：汕頭港（1860-1949）』朱拉隆功大学亜州研究所、1997年、75頁。

鄭林寛『福建華僑匯款』第五章「僑匯機関和僑匯手続」福建省政府秘書處統計室、1940年。

鄭一省『多重網絡的滲透与拡張：海外華僑華人与閩粤僑郷互動関係研究』世界知識出版社、2006年。

庄国土『華僑華人与中国的関係』広東高等教育出版社、2001年。

〔欧米語文献〕

Amrith, S. S. (2013). *Crossing the Bay of Bengal: The Furies of Nature and the Fortunes of Migrants*. Cambridge, MA: Harvard University press.

BPP., Papers Relating to Coolie Emigration, 1868, p.14.

BPP., Papers Relating to Emigration from China to the Colonies of British Guiana and Trinidad, London, 1858, p.17.

Brown, J. M. (2006). *Global South Asians: Introducing the Modern Diaspora*. Cambridge: Cambridge University Press.

Brown, R. A. (2000). *Chinese Big Business and the Wealth of Asian Nations*. New York: Palgrave.

Chaturvedi, S., & Sakhuja, V. (2016). *Climate Change and the Bay of Bengal: Evolving Geographies of Fear and Hope*. New Delhi: Pentagon Press.

Cochran, M., Larner, M., Riley, D., Lars, G. & Henderson, C. R. Jr. (1990). *Extending Families: The Social Networks of Parents and Their Children*. Cambridge: Cambridge University Press.

Cushman, J. & Wang, G. (eds.) (1988). *Changing Identities of the Southeast Asian Chinese since World War II*. Hong Kong: Hong Kong University Press.

Harper, M. & Constantine, S. (2010). *Migration and Empire*. New York: Oxford University press.

Haugen, H. Ø. (2011). Chinese Exports to Africa: Competition, Complementarity and Cooperation between Micro-Level Actors. *Forum for Development Studies*, 38:2, 157-176.

Haugen, H. Ø., Nigerians in China: In a second state of immobility. *International Migration*, 50:2, April 2012, 65-80.

Mathieson, W. L. (1929). *Great Britain and the Slave Trade 1839-1865*. London: Longmans, Green & Co.

Michel, S., Beuret, M., Woods, P., & Valley, R. (2009). *China Safari: On the Trail of Beijing's Expansion in Africa*. New York: Nation books.

Ng, C.-K. (1983). *Trade and Society: Amony Network on the China Coast 1683-1735*. Singapore: Singapore University Press.

Rudner, D. W. (1994). *Caste and Capitalism in Colonial India, The Nattukottai*

Chettiars, California, Univ. of California Press.

Sussman, N. (2011). *Return Migration and Identity: A Global Phenomenon, a Hong Kong Case*. Hong Kong: Hong Kong University Press.

Viraphol, S. (1977). *Tribute and Profit: Sino-Siamese Trade, 1652-1853*. Cambridge, MA: Harvard University Press.

Wang, G. (1981). *Community and Nation; Essays on Southeast Asia and the Chinese*. Singapore: Heinemann Educational Books (Asia) Ltd.

Yan, X. (2011). *Ancient Chinese thought, modern Chinese power*. Princeton: Princeton University Press.

補論1

中華世界とマレー世界

富沢　寿勇

はじめに

　筆者は、広義の中華世界から見れば周縁部に位置づけられるかもしれない東南アジアで長年の調査研究を進めてきた。しかも、主な対象はマレーシアの主要民族を占めるマレー人という、非華人系の人々である。マレーシアの前身の旧マラヤ近代史においては、華僑は英国の植民地統治時代に大半は移民労働者として来住、やがて定着して、インド系移民と同様に同国の社会・経済で重要な役割を果たすようになった。以後、社会・政治的にも大きな勢力となった華人の存在感は、マレー系の人々にとって常に意識されるものであり続けている。そのため、マレー系と華人系の民族間関係は国内問題として多くの注目を集め、研究も蓄積されてきたが、他方、1980年代から90年代にかけての同国の経済成長とグローバル化を背景に、この民族間関係は急速にグローバル次元で新たな展開を示すようになったと筆者はとらえている。その端的な表れがマレーシアを中心に国際展開したマレー世界運動である。この小稿では、マレー世界運動の展開の経緯をふり返り、特に華人や中華世界との関係も考慮しながら、その特徴と現代的意味を提示したい。

　まず、中華世界を考える本論集の鍵概念のひとつにもなっている大中華圏（Greater China）概念に着目しよう。大中華圏は、D. シャンボーが示唆するように、ポスト冷戦時代の国際秩序の転換期に注目された概念の一つであり、『チャイナ・クオータリー』誌で同概念についての特集が組まれた1993年には、S. ハンティントンの「文明の衝突」論も『フォーリン・アフェアーズ』で発表されていたのが興味深いところである（Shambaugh 1993; Huntington 1993）。大中華圏概念は、「複合的で多面的な現象」を示すもので

あり、政治、経済、文化などの諸側面のどこに焦点をおくか次第でその意味や解釈は変わってくる（Harding 1993; Wang 1993; Yuen 2014）。H. ハーディングによる同概念についての論考は奈倉京子が本書でも紹介しているので、その議論を本稿との関連で以下に整理しておく。

　大中華圏は、「中国本土（China Proper）」と「属地・藩属（Outer China）」という伝統的な区別に遡り、両地域を合わせて「中華帝国」と呼ばれていたものについて、地理学者G. B. クレッシーが1934年に初めてGreater Chinaと表現したものに対応する概念である。したがって、もともとGreater Chinaは地理的な範囲を表わすとともに、中華思想的な民族の序列概念も含んでいたということである。時代は下って1970年代後半の中国の改革・開放政策以降になると、中国と香港、台湾、マカオ、シンガポールなどとの経済的連結が促進されるようになり、英語圏では1980年代にGreater Chinaが経済的結びつきや政治的再統合の意味で再び用いられるようになり、90年代初頭までには同語は一般に定着するようになったという。

　このようなGreater Chinaが1930年代に概念化され、1980年代から90年代にかけて新たな意味を持って復活使用され始めたのとほぼ呼応するかのように、東南アジア島嶼部では、1930年代から40年代にかけて大マレー（ムラユ・ラヤ）主義あるいは大インドネシア（インドネシア・ラヤ）主義と呼ばれる政治文化運動が展開し、約半世紀の時を隔てて、その思想的系譜を引くマレー世界運動が1980年代から90年代にかけて活発化した。筆者はこれを一種の平行現象ととらえて着目したい。そこで、次節ではマレー世界運動の概要とその思想的背景をまず考察する。

マレー世界運動とは？

　マレー世界（ドゥニア・ムラユ）運動は、裏返して表現すれば、マレー人ディアスポラ（ディアスポラ・ムラユ：「離散したマレー人」）運動ともいわれる。主に東南アジア島嶼部（マレーシア、インドネシアなどでは「ヌサンタラ」と総称される地域とほぼ重なる）のマレー系住民を中核としつつ、広く世界各

地に散在するマレー人（マレー人ディアスポラ）住民とを合わせてマレー世界
と総称される。要するに、マレー人のグローバルな広がりを再発見し、互い
の存在を確認しながら地球規模の人的資源とネットワークを構築しようとす
る動きがマレー世界運動の実体をなす。また、マレー世界運動は、別称では
マレー種族運動（グラカン・ルンプン・ムラユ）、国際マレー文化運動（プルグ
ラカン・ムラユ・アンタラバンサ）、マレー文化運動（グラカン・クブダヤアン・
ムラユ）などと呼ばれることもあり、そこからもわかるように、文化運動の
性格も併せ持つものである（富沢 2012: 119-143）。参考までに、奈倉によれ
ば、杜維明は大中華圏を文化から見た「中国」世界ととらえ、「文化中国」
概念を提唱したということであるが（本書、奈倉論文を参照）、それはマレー
世界運動が政治・経済的なモチベーションと文化的アイデンティティの追求
とを連動させながら、「複合的で多面的な現象」として展開してきた傾向と
も共通点があるように思われる。

　マレー世界運動は、通称ガペナ（マレーシア国民文筆者協会連合GAPENA:
Gabungan Persatuan Penulis Nasional Malaysia）と呼ばれるマレーシアの国民組
織を中心に展開した。

　同団体は、誕生当時マレーシアを構成していた13州ごとの異なる文筆者組
織が国家レベルで統一団体を結成することに合意したことで1969年に設立さ
れた（Abdul Latiff 2002: 217-218）。ちなみに、同年は5月13日事件という、マ
レーシア現代史ではあまりに有名な民族暴動事件が発生し、とりわけマレー
人と華人の対立などが大きく問題化され、1970年代以降に新経済政策が展開
し、いわゆるマレー人優遇政策と称されるブミプトラ政策が導入実施される
契機ともなった出来事があった年でもある。もともとガペナは非政府組織で
はあるが、国内では華人系、インド人系などの他集団から差異化されたマ
レー人固有の言語や文化伝統を保護する重要な団体として、つまり、マレー
人性（Malayness）を象徴し代表する権威ある組織としてマレーシア国内では
機能してきた。ちなみに、従来同国では憲法においてマレー人とはどのよう
な人々かを明文化して定義してきた。それによれば、マレー人とは習慣的に

マレー語を話し、イスラームを信仰し、マレーの慣習（アダット）にしたがう人々であり、独立以前に旧マラヤで本人、または、両親のいずれかが出生、あるいは、独立時に旧マラヤに居住していた人々（とその子孫）と規定されてきた。これに基づいて新経済政策の一環としてマレー人優遇政策を実施してきた政府とガペナとは、いわば不即不離の関係を保ちつつ、後者は国家政策にも直接間接に影響を与えてきた。

　他方、近年では従来の公式的なマレー人の定義から大きく踏み出した新たな定義づけによる運動が、ガペナを中心に展開した。それがマレー世界運動であり、その射程には東南アジア島嶼部を中心にしながらも、さまざまな経緯で世界中に分布居住しているマレー人ディアスポラをその周縁部のフロンティアに位置づけて、総人口約3億5,000万人のマレー人口の相互の認識と交流を促進する試みであった。同運動でマレー人の定義が押し広げられたことを示す端的な証拠は、マレー世界の総人口のうちの85%がイスラームを信仰しているが、残りは非ムスリムであり、要するに「非ムスリムのマレー人」の存在をあらためて認める姿勢であった（富沢 2012: 132）。

　ところで、一般にディアスポラといえば、祖国を喪失して世界各地に離散したユダヤ人などがイメージされやすいが、近年のカルチュラル・スタディーズなどでは「国境を越えて離散、あるいは移動した他の諸集団を連携させる文化的同盟」（ブルッカー 2003: 159）といったかたちでこれを広義にとらえ、離散そのものの負の側面よりも、むしろ、連帯やネットワークといった肯定的側面に関心が向けられつつある。マレー人ディアスポラ運動は、このディアスポラ概念の肯定的側面をかなり意識して展開してきたところに注目する必要がある。

　さて、このマレー人ディアスポラ運動をコインの裏面とするマレー世界運動の源流はいったいどのようなものであろうか。これを理解するためには、特に20世紀前半のマレー民族主義の諸潮流を簡潔に述べておく必要がある。それは、マレー人とは何か、あるいは、マレー民族（バンサ・ムラユ）の本質は何かを追究するいくつかの土着の政治・文化運動の流れのことである。ア

リフィン・オマールによれば（Ariffin 1993：38-45）、旧英領マラヤ（マレー半島やシンガポール等を含む）周辺では、20世紀初頭から中葉にかけて、以下のような主に3つの考え方が順次表明されたことをここでは確認しておきたい。

(1) マレー（ムラユ）人を基本的に出生地（すなわち、具体的には旧英領マラヤ生まれであること）と宗教（すなわち、イスラームを信奉していること）で定義づけようとする潮流。この定義によると、具体的には、20世紀初頭においては、マラヤ生まれのムスリムであるアラブ人やインド人（「現地生まれ」という意味でプラナカンと称された）などもマレー民族と見なされた。

(2) マレー人を基本的に出生地、イスラームという宗教条件に加えて、血統で定義づける潮流。この血統の要素が加わったことで、具体的にはムラユ・ジャティ（「生粋のマレー人」）というとらえ方が主張されるようになり、この範疇から上記のプラナカンは排除された。

(3) マレー（ムラユ）人概念を広範なオーストロネシア（マラヨ・ポリネシア）語族全体に拡大解釈して使用する潮流で、たとえばジャワ人、台湾先住民、マダガスカル島民なども同概念の中に包摂する立場。具体的には1930年代から40年代にかけて提唱された大マレー（ムラユ・ラヤ）主義、大インドネシア（インドネシア・ラヤ）主義による広範なマレー世界の統一の試みは、この最も広義のマレー人概念を柱とした。

このようにマレー人の定義が20世紀前半に広義、狭義の間で振り子運動のように各種試みられてきたが、上に示した第三の潮流が、いわば伏流水のようなかたちで1980年代から90年代にかけて再浮上することになり、マレー世界運動の思想的支柱を構成したといえる。繰り返しになるが、この第三のマレー人概念は、世界の語族の中でも最も広範に分布するオーストロネシア（マラヨ・ポリネシア）語族全体を網羅するもので（次ページの地図を参照）、理論的にも最も広域に及ぶマレー世界を示すものである。語族という広範な範疇の中にはさまざまな個別言語があり、互いにコミュニケーション体系も異

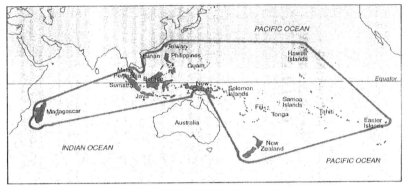

地図　オーストロネシア語族の世界分布（出典　Collins, J.T. 1998）

なるのが一般的なので、語族の単位自体が特定の民族概念を構成するという
発想は少し奇異に思われるかもしれない。しかし、たとえ互いに異なる個別
言語同士でも、系統関係が証明され、単語や語源を断片的ながらでも共有す
ることで相互に親近感を感じるという感覚もあながち理解できないものでも
ない。たとえば、マレーシアの（狭義の）マレー人も、広義の「マレー人」
概念に組み込まれたマダガスカルのメリナ人も、いずれも「土地」を「タ
ナ」という共通の単語で表現し、さらに稲作文化や王権文化の伝統も共有し
ていることを互いに認識することで、同じ種族に帰属しているということを
実感したのである（富沢 2012: 127, 130-131, 136-137）。こういった経験が、広義
の民族的アイデンティティの共有につながっている。では、このようなマ
レー世界の認識の拡大が実際どのように展開していったかを具体的に見てい
きたい。

マレー世界運動の展開

　マレー世界運動の発端は、1982年にマレーシアのマラカ（マラッカ）でガ
ペナが開催した第1回マレー世界シンポジウムにあった。この会議を通じ
て、ヌサンタラ（東南アジア島嶼部）の域外にあるスリランカにも主にインド
ネシアから到来したマレー人の子孫たちが存在していることが報告され、大

きな反響を呼んだ。これを受けて1985年には第2回シンポジウムがコロンボ
で開催され、ヌサンタラのマレー人たちは、世界に散在すると想定されたマ
レー人ディアスポラとの出会いと交流への情熱を一層高めた。1992年にはガ
ペナに関わる学者や文化人たちが「古代チャンパ王国の故地」を追跡旅行す
る企画が実施された。チャンパ王国の担い手とされたチャム人はヴェトナム
を中心に分布するが、オーストロネシア語族に属しているため、また、古代
マラカ王国時代にはマラカの居留民区を作っていたこともあり、マレーシア
のマレー人とは元来親和性の高い人々であった。この追跡旅行はそのことを
再確認する旅でもあった。さらに1993年には、東南アジア起源のマレー系移
民奴隷の子孫が住む南アフリカのマレー社会（特にケープマレー人と称されて
きた人々）や中国雲南省にもガペナは訪問団を派遣した。南アフリカのマ
レー人はイスラーム教徒ではあるが、マレー語を話すという狭義のマレー人
の条件を満たす人は少なく、出自が東南アジアの同胞にあったということが
重視されたようである。また、雲南訪問は同地域が学術的にも「マレー人の
起源地」と認識されてきたのがその大きな理由の一つだが、同時に、中国で
多数の非ムスリム住民に囲まれて暮らすムスリム・マイノリティの窮状を現
地視察するというのも、もう一つの目的としてあったようである（富沢 2012:
125-126）。

　1994年になると、マレー世界運動に共鳴したマレーシア、スランゴール州
政府が国際マレー事務局（SMA: Sekretariat Melayu Antarabangsa）の設置を決
定した。これはマレー人がグローバル次元でビジネス活動や交流活動を円滑
に進めることができるように、たとえば世界各地で活躍するマレー人の人脈
や生活に欠かせないマレー料理店の所在地などの包括的なデータベースを構
築するのが大きな目標としてあったようである。それは、すでにグローバル
次元のビジネス領域や国際ネットワークを構築し、それを活用しながらビジ
ネス活動や文化活動を繰り広げている華人やインド人を十分意識したもので
あったようである（*Warta Gapena*, Jun. 1997; Abdul Latiff 2002:292, 297-298）。ち
なみに1995年にフィリピン南部のマラウィ市で開催されたグローバル・マ

レー・シンポジウム（Simposium Melayu Sedunia）という名称には、グローバルなマレー人像を追求する姿勢が端的に表現されている。

　1996年にはマダガスカルのメリナ人とガペナの相互訪問と交流が開始し、同年にスランゴール州で開催されたグローバル・マレー・シンポジウムにメリナ人の代表が出席し、翌1997年には早くもメリナ人たちを中心に、マダガスカル・マレー人協会（Fikambanana Malay Madagasikara）が結成された。メリナ人をはじめ、マダガスカルの先住民はもともと東南アジア方面から船で移住したオーストロネシア語族に属し、メリナ語とマレー語とは上述したように語彙群を多く共有し、稲作文化や舞踊などの王権文化も共有していることがその大きな動機となったと思われる（Warta Gapena, Dis. 1998; 富沢 2012: 127, 130-131, 136-137）。ただし、メリナの人々の多くはイスラーム教でなくキリスト教を信奉しており、マレーシアにおけるマレー人の公式的定義は満たさないが、起源地と言語文化の共通性がここではクローズアップされたことになる。

　このようにマレー世界運動では、イスラームという宗教の信仰は、必ずしも重要性を持たず、むしろ起源地・出自や言語文化的共通項が重視されることが少なくない。イスラームの聖地マッカ（メッカ）周辺に住み着いたマレーシア出身のマレー人コミュニティについても同様のことがいえる。この地のマレー人たちは、もちろんムスリムであるが、同じムスリムである周囲のアラブ人とはあまり交わらず、母国のマレー語方言や食習慣、衣装行動（たとえばバジュ・クールンと呼ばれるゆったりした上着やバティック生地の腰布など）を保持しており、同コミュニティを訪問したガペナの視察団もそこに同じマレー人としての親近感を認め、郷愁感をもって報告しているからである（富沢 2012: 133-135）。

　以上のように、マレー世界運動は、進展するグローバル化の中でマレー人が広義のマレー世界へと自らのアイデンティティの裾野を急速に拡大して行った過程として展開したものである。既述の通り、マレーシアはマレー人のほか、華人、インド人などのさまざまな民族構成からなる多民族国家であ

るが、1970年代以降はマレー人を中心としたブミプトラ政策、新経済政策が
進行し、高度経済成長の恩恵を受けて、特に1980年代、90年代になるとマ
レー人中間層が急速に成長した。その過程で、マレー人も頻繁に海外旅行に
出かけるようになったり、留学に行ったり、ビジネス活動を海外展開したり
するようになって、国外の未知なるマレー人同胞と出合う機会も増え、従来
のマレー人概念の枠組みを再編する機運が広がったと考えられる。そのよう
な時代の要請に応じて、狭義の公式的マレー人の定義を構成する複数の基準
（マレー語、マレーの慣習や文化伝統、イスラーム教、そして出自など）をさまざま
な脈絡に応じて適宜取捨選択し、結果としては、徐々により大きな風呂敷を
広げながら、マレー世界を拡大し、多様なる同胞たちを包摂していく過程が
ここに見てとれる。

中華世界とマレー世界

　マレー世界運動は、すでに論じてきたように、マレー人性（Malayness）と
は何かを追求してきた関係者たちの熱心な議論の歴史や思想潮流の延長線上
で展開してきたものであり、その意味では当事者たちのアイデンティティを
めぐる内的動因が重要であることは言うまでもない。他方、あらゆる民族意
識やエスニシティがそうであるように、この類の運動は現実の、または想像
上の他者の存在という外的因子抜きには成立しがたいものである。特に旧マ
ラヤの後身であるマレーシアやシンガポールには、それぞれ歴史的には主に
移民として到来し定住した華人やインド人などがおり、彼らは国内でも政治
的、経済的、社会的に一定の存在感を示してきたし、かつては社会経済発展
から遅れ気味とされてきたマレー人の競合相手でもあり、同時に目標となる
モデルを提供してきた人々でもある。

　他方、華人にせよ、インド人にせよ、活躍の場は国内にとどまらず、それ
ぞれグローバル次元でも広域にわたって人的資源のネットワークを構築し、
他文化環境におけるビジネス展開などのノウハウもすでに十分蓄積してグ
ローバル化時代に対応していることも周知の通りである。このような認識

が、いわゆるグローバルなマレー人像の構築に直接・間接の刺激とヒントを提供してきているように思われる。実際、それはマレー世界運動の展開過程においてもしばしば吐露されている。マレー人がグローバル化時代に活躍するためのマレー人ディアスポラ情報、生活情報のデータベースを構築する機関として企図された国際マレー事務局の開設でも、華人系、インド人系のグローバルネットワークの存在が意識されていたことをここで想起したい。さらにまた、国際マレー・ディアスポラ百科事典プロジェクトについても同様のことがいえる。同プロジェクトは国立シンガポール大学のマレー人政治学者フシン・ムタリブ博士らの発案で企画され、そのためにマレー語やマレー文化・社会の研究者を世界各地から集めた国際ワークショップが2007年3月に開催された。筆者もこれに招聘されて直接参加したが、このワークショップでは、華人については、リン・パン編集による『華僑百科事典』(Lynn Pan ed. *The encyclopedia of the Chinese overseas*, 1998) が、また、インド人については、ラル編集による『インド人ディアスポラ百科事典』(Brij V. Lal ed. *The encyclopedia of the Indian diaspora*, 2006) が模範例として提示、紹介された。要するに、このような国際的な百科事典をマレー人についても編纂しようというのが主たる目的であった。ちなみに、このワークショップでも、ガペナ代表のイスマイル・フセイン教授が討議の皮切りのために基調講演者として招かれた。あいにく、このプロジェクトはその後、研究資金の獲得がうまくいかずに企画倒れに終わったが、同プロジェクトはマレー世界運動が中華世界やインド世界をかなり意識して展開してきた側面を物語っているように思われる。少なくとも、マレー世界運動はグローバル次元の華人ネットワークや中華世界の展開とまったく無縁のものではなかったことを認識しておく必要があるだろう。

　冒頭で言及した大中華圏概念について再び話を戻すと、ここでユエン(Yuen)の議論が参考になる。彼女は大中華圏概念が「複合的で多面的な現象」に言及するものであることは十分に認識しつつも、実質的には中国、香港、マカオ、台湾、シンガポールなどの間の緊密な紐帯を念頭において同概

念をとらえ、特にその経済協力関係の側面を重視し、さらにヤフダ（Yahuda）
の議論に依拠して、そのような経済的ネットワーク自体は、同一祖先や「関
係（クアンシー）のネットワーク」を共有する海外華僑・華人の社会的紐帯
に依拠していることを示唆している（Yuen 2014: 135；Yahuda 1993: 688）。要
するに、大中華圏にせよ、中華世界一般にせよ、その重要な要素である経済
的人脈が社会・文化的紐帯に基づいていることの重要性を指摘していると理
解できる。マレー世界運動がグローバルな経済活動領域の拡大を見据えつ
つ、同時に、その基軸となりうる民族的、文化的アイデンティティとネット
ワーク開拓を追求してきたことも、それと軌を一にしているように見える。

　最後に、マレー世界と中華世界との関係についてもう一点、その内部構造
の共通性も指摘しておきたい。要するに、いずれも一定のヒエラルキー構造
あるいは序列化を共有しているということである。とりわけ大中華圏の考え
方が、元来「中国本土」と「属地」「藩属」という中華世界の伝統的な区別
を踏襲した概念であり、その内部が序列化され、ヒエラルキー化された構造
を備えているということを想起すると、マレー世界運動にもそれに似た内部
構造を前提とした議論があるのが興味深い。すなわち、同運動におけるマ
レー世界とは、繰り返し述べている通り、オーストロネシア語族の広範で均
質な広がりを大前提とするものであるが、マレー世界をヌサンタラ（東南ア
ジア島嶼部）を中心とした中核地帯（ドゥニア・ムラユ・インドゥックまたはドゥ
ニア・ムラユ・インティ）と、マレー人ディアスポラに代表される周縁部とに
分類し、階層化してとらえる二分法的思考が支配する。換言すれば、マレー
世界は中核的なマレー人と周縁的なマレー人からなる家族にたとえられ、周
縁的なマレー人は「母の家」と称される故地から離れた土地に暮らしつつ
も、依然として中核的マレー人に依存し、保護されるべき状態にあることが
示唆されている（*Warla Gapeua, Mac* 2002, 富沢 2012. 139）。ここで言う中核地
帯とは、東南アジアのマレー王権の伝統を生み出し、あるいはそれを継承し
てきたスマトラのパレンバンやマレー半島のマラカなどを中心とする模範的
で権威あるマレー文化の揺籃地が具体的にイメージされている。このような

中核部と周縁部という序列化され、ヒエラルキー化された全体がマレー世界の内部構造を示すものとなっている。大中華圏と、マレー世界運動におけるマレー世界像とが相似構造を示すのは、この点においてではなかろうか。

　この小稿では、やや急ぎ足になったが、中華世界とマレー世界とが同時代的に連動して展開してきたことに注目し、その影響関係が皆無ではなかったことを示すとともに、両者間には構造上の共通性もある程度見られることを論じてみた。付随的ながら、近年展開している中国の「一帯一路」政策では、東南アジアや中央アジアなどを含むイスラーム世界との積極的な関わりも企図されているように思われる。同政策との関連で、中華世界とマレー世界やイスラーム世界とが今後どのように相互の関係を構築していくかも興味深い研究課題である。これについては機会があればまた別稿で検討してみたい。

【参考文献】

〔日本語文献〕

富沢寿勇「グローバリゼーションのなかのマレー・ディアスポラ運動」三尾裕子、床呂郁哉編『グローバリゼーションズ　人類学、歴史学、地域研究の現場から』弘文堂、2012年、119〜143頁。

ブルッカー, P.、有元健・本橋哲也訳『文化理論用語集　カルチュラル・スタディーズ＋』新曜社、2003年。

〔欧米語他文献〕

Abdul Latiff Abu Bakar (ed.) (2002) *Ismail Hussein Bersama* GAPENA: *biografi & koleksi*. Kuala Lumpur: GAPENA.

Ariffin Omar (1993). *Bangsa Melayu: Malay concepts of democracy and community* 1945-1950. Kuala Lumpur: Oxford University Press.

Collins, J. T. (1998). *Malay, world language: A short history*. Kuala Lumpur: Dewan Bahasa dan Pustaka.

GAPENA. *Warta Gapena*. Jun. 1997 ; Dis. 1998; Mac 2002.

Harding, H. (1993). The concept of "Greater China": Themes, variations and reservations. *The China Quarterly*, 136, 660-686.

Huntington, S. P. (1993). The clash of civilizations? *Foreign Affairs*, 72(3), 22-49.

Shambaugh, D. (1993). Introduction: The emergence of "Greater China", *The China*

Quarterly, 136, 653-659.

Soda, N. (2000). Melayu Raya and Malaysia: Exploring Greater Malay Concepts in Malaya. *A Research Paper for 1998*. Tokyo: Kobayashi Fellowship Program, Fuji Xerox Co., Ltd.

Wang, G. W. (1993). Greater China and the Chinese overseas. *The China Quarterly*, 136, 926-948.

Yahuda, M. (1993). The Foreign Relations of Greater China. *The China Quarterly*, 136, 687-710.

Yuen, J. K. (2014). Commentary: The myth of greater China? Hong Kong as a prototype of Taiwan for unification. *Taiwan in Comparative Perspective*, 5, 134-152. Taiwan Research Programme, London School of Economics.

中華世界と日本

濱下　武志

＊本章は、2019年7月14日に静岡県立大学グローバル地域センター主催で開催された、シンポジウム「中華世界―その統合と分裂の諸相―」の基調講演「中華世界へのアプローチ　中華世界と日本」の記録に基づくものである。

はじめに　人の移動――人力資源と自然資源

　日本と中華世界は歴史的には別々に存在していたのではなく、日本も中華世界の中にあるといわれ、またかつて日本も日本的中華を唱えたこともあり、「中華」という考えは歴史の中で東アジアに共通して使われていました。しかし、それに「世界」を付けて、「中華世界」という言葉が比較的よく出てくるようになりましたのは、1990年代ぐらいからのグローバリゼーションの動きの中においてです。中国を中心とした東アジアの経済発展、それに続く東南アジアの発展というところから、中華世界の範囲が中国本体のみならずさらには台湾、香港、また韓国やシンガポールも含んだ大きな経済圏の動きとして、その中でも例えば華僑華人の動きが非常に重要であるところからも、中華世界という表現が理念だけではなく実態を表わす表現として使われるようになりました。

　1949年成立の中華人民共和国の歴史から見ますと、1970年代の終わりから始まった改革開放政策を契機に、それまで閉じてきた中国が外に向かって開き、並行して国内の経済改革を行うという動きとして、中国の改革開放政策の40年間の上に重なる形で、中華世界という表現も積極的に使われるようになりました。もう一つ類似した言葉で、中国を中心としたグローバルな世界を意味する「華人世界」という表現も使われるようになりました。これは、

より中華民族という民族的な側面を強調しています。華僑華人が生活する「華人世界」は世界中どこにでも考えることができるわけですけれども、「華人世界」という雑誌あるいはファッション誌なども出され、世界の華人という意味合いで華人世界という概念もつくられるようになりました。このように、中国の多様さや広がりを、中国、中華、中華世界、華人世界などとして、異なる表現で示していることも注目されます。

　他方で、日本は戦後、経済を中心に経済発展を追求してきました。アジアで最も経済が発展したというところで自らの位置付けを考えていたわけですけれども、経済発展という尺度だけでは日本の位置は考えられなくなっているということも、今のアジアの動きを見るといえるわけです。国ごとの経済発展の比較のみではなく、むしろ歴史的な「中華世界」に対応する日本の特徴が表現されなければならないと思います。

　中華世界を考える歴史的な背景はどういうところにあるのか。例えば中華世界の中でも、先ほど「趣旨説明」でネットワークというキーワードが示されたように、人が移動していくということが一つあります。人の移動をどのように考えたらよいのか。これは中華世界のことだけではなく、日本も含めた世界史の中に現れる現象です。歴史的に見ますと、ヨーロッパとアメリカ大陸との間、アジアとアメリカ大陸、あるいはアジアとヨーロッパの関係において、さまざまな文脈で人の移動が行われています。この全体の動きをどのように考えたらよいのかというとき、私は、人力という一つの歴史的な資源と、人が生きていくために活用すべき自然の資源との間には大きな循環関係があり、それが人の移動をもたらす大きな歴史的な要因であると思います。そしてさらにこの人と自然の循環の間に人類社会は社会装置というものをさまざまに活用して両者の循環を維持促進すると同時に、さまざまな矛盾や衝突ももたらされてきたと考えます。

　例えば、国という統治の装置をつくる、あるいは国際連合という国家をまとめる装置をつくるという形で、人類社会の間を結び付けるさまざまな試みがなされてきました。それらが経済あるいは科学技術の発展を伴って、人と

自然との往来や循環をより促進してきたわけです。

　歴史的に見ますとその循環にはひとつの傾向があります。すなわち、寒い
ところ、いわゆるヨーロッパの中心をなす地帯は温帯北部にあたりますが、
温帯北部の人力資源が亜熱帯及び熱帯の自然資源を求めて南に下っていくと
いう循環が生じています。これは18〜19世紀からの大きな動きとなるわけで
すけれども、それに対応して労働移動という移民現象が起こりました。

　この動きは、また、工業化の原料として熱帯資源を獲得する動機を伴っ
て、例えば帝国主義あるいは植民地主義という形でも歴史的には表現されま
した。そのような歴史的時代の中で、ヒトとモノとの交換や循環という中で
移民という動きが生じたと思います。現在、人の動きを見ていますと、例え
ば難民も含めて非常に大きな人の動きがあります。これは、どのような循環
構造を意味しているのか、また今後どのような循環構造をつくっていくのか
ということは一言ではいえませんが、富の格差がますます拡大している現代
世界を考えますと、今は大きな転換期であるといえます。循環構造そのもの
が作り出す構造的な格差の問題が起こっていると思います。これは日本を含
むアジアでも顕著に見られますし、特に中東地域の内戦・難民問題に象徴さ
れるように、世界的な課題になっていると思います。

　しかし他方では、中華世界の中での移民問題は、難民というよりも、むし
ろより豊かな経済的な活動を求めて、経済資源を確保しようとする移動であ
るといえると思います。そういう点で地域的にアジアの現在の移民、あるい
は今後の中東の移民あるいは難民問題は、方向は異にしておりますけれど
も、全体として人の移動がどのような、自然との交渉過程の中で生まれ、ど
のような国際的な平衡点を目指していくのかなかなか見通しがつかないとい
う困難な課題があります。

　さらに現在、地球規模で温暖化による気候変動が起こり、今度は自然資源
の変化すなわち自然がもたらすこれまでに無い人類社会への影響が生じてい
るわけですから、災害やパンデミックの問題に対して、今度は人間社会がど
のように対応していくのか、という点から新たなヒトの移動も生じてくると

考えられます。ですから、例えば華人世界の中で人が動いている特徴は主に経済的に、あるいは社会文化的に考えることができますけれども、長い歴史の中で考えますと、現在、華人世界は気候変動を含めた大きなグローバルな移動のなかに位置しているとも考えられます。そういう点で、グローバルな人類社会の動きの一つとして中華世界があり、これからもグローバルな役割を持つ存在であり、日本もこの動きと無関係ではないと考えられます。

では次に、日本に視点を置いて、日本は中華世界やヨーロッパとの関係においてどのような歴史的経緯をたどって来たのか、という点を考えてみたいと思います。

（一）日本近代の歴史に関する3つの視点——西洋・アジア・日本

歴史は一本の時間の線ではなくて長短遅速が混じった複数の時間の束（たば）であり、歴史はそれを見る角度あるいはその条件によって異なっているといえます。大きく捉えて日本を見る場合は三つの視点、あるいは三つのグループがあります。まず第一は西洋の視点です。これは西洋の歴史を基準として、西洋の近代の動きから日本を見る視角です。次に第二には、アジアの歴史的文脈から日本の近代を見る視角です。それから第三に、日本の歴史の文脈の中から近代日本を見る視角です。歴史的に見ますと、蘭学、漢学、国学というそれぞれの学問体系や世界観にも対応すると思いますが、この点は具体的には後ほど申し上げたいと思います。

同時に、私たちの近代歴史像に大きく影響を与えている考え方に、鎖国と日本とを結び付けて近代日本を考えるという文脈があります。これは日本が海に囲まれた島国であるという地理的な特徴も関係していますし、日本が海を越えて大陸と歴史的に密接な往来があったこととも関係して、江戸時代の鎖国という政策が日本の近代を考えるときに非常に重要な背景になっています。

主に鎖国政策は、17世紀後半〜19世紀前半、江戸時代を中心に行われましたけれども、そこでは日本人は外国へ出かけることは禁止され、その閉じた

日本にペリーの黒船が来航して、鎖国を開国に導いたという、開国と近代が直結した論理です。このような鎖国─黒船─開国という文脈が、日本の近代を考えるに当たって、これは司馬遼太郎さんを含めて非常に影響のある歴史観であったと思います。ただし、この鎖国、ペリー、開国の文脈は、西洋の基準から日本の幕末、明治を考えようとしたものであり、必ずしもアジアの歴史的文脈から日本を位置付けるものではない、ということを申し上げたいと思います。そういう点で、本日はアジアの文脈から、あるいは東アジアの歴史の文脈から、あるいは儒学に基づいた中華世界の文脈から日本の歴史あるいは幕末、明治の変化を考えてみるとどうなるかという例を示してみたいと思います。

　この点は、中華世界と日本というときに、日本における華僑華人のネットワーク、あるいは日本へのアジアからの移民という問題をどう考えるかということと関連します。アジアの歴史を議論するときに、往々にして日本は日本のままであって、必ずしも歴史主体の多様化ということには議論が及びません。しかし、日本を中華世界の一部に置いて考えると、当然、日本もさまざまなヒトの動きやモノの動きが行き来する多様な東アジア世界の一部として存在したことが分かります。日本をそのような側面からも考えたいと思います。

（二）鎖国政策と鎖国論──〈鎖国論〉の歴史

　まず鎖国ですが、ここでは鎖国政策と鎖国論を少し区別して考えます。鎖国というときには大体、鎖国政策ですけれども、それが鎖国論になりますと、日本が閉鎖的、封鎖的、排外的になるという形で地政論的な日本論として議論が進められてきました。

　まず、1660年代から鎖国政策が行われます。これは西洋すなわち宣教師に対する布教禁止と併行して、貿易を長崎一港で管理するという管理貿易の政策でありました。これと前後して、「鎖国論」という議論が出てきます。まずこれはドイツ人のケンペルがオランダ東インド会社の医者として日本に

1690年から92年まで2年間滞在します。その後帰国して、1712年に『回国奇観』を著し、その中に日本についての著述をおこないます。その内容は、清朝と日本、あるいは大陸部清朝と島嶼部日本という対比の中で、日本が清朝のさまざまな圧力に対して鎖国政策を採るということはやむを得ないし、道理があるという議論です。これは地政論の考え方であるともいえます。それを1801年に蘭学者で長崎のオランダ通詞の志筑忠雄が『鎖国論』という形で翻訳します。『日本誌』が『鎖国論』になるわけです。すなわち、鎖国政策そのものとは別の文脈で東アジア地政論を議論したケンペルの『日本誌』の内容が『鎖国論』という形で表現されます。ですから、一面では鎖国という言葉は、より広く東アジアの地政論を論じていたといえます。

　さらに、鎖国政策といっても、全ての外国にたいする鎖国ではなく、鎖国政策を採っていなかった国、地域もあるわけです。例えば清朝がそうです。それは唐船貿易で中国の商人を受け入れるという形で長崎に受け入れていた訳です。それからオランダも出島貿易で鎖国政策の対象ではありませんでした。これも長崎の出島で管理していました。それから対馬を経由した朝鮮との交易も鎖国政策の対象ではありませんでした。最後に琉球王朝は、1609年の薩摩藩の琉球侵攻以降、薩摩藩の支配下にありましたけれども、薩摩藩は琉球王国に対して、中国との朝貢貿易を続けて、それを薩摩藩にいわば転送するという役割を求めました。そういう点で、琉球王国の朝貢関係を利用していました。このような形で、鎖国政策はある意味では多様な対外関係の一つであり、鎖国政策の下にすべてを一律に規制し管理するということでもありませんでした。

　もう一つ私が関心を持っていますのは、第二次世界大戦後に歴史上の鎖国を改めて議論した戦後の「鎖国論」ともいうべきものがあります。第二次大戦後、多くの知識人は戦争に対して反省を行ったわけですが、その反省の論理の一つに、日本が第二次大戦という悲惨な歴史を辿った原因は、長くヨーロッパに対して日本を閉ざしたため、ヨーロッパの文化・文明を十分に入れなかったことによるところが大きいというものです。歴史家の服部之聡や倫

理学者の和辻哲郎などがいわばこの鎖国亡国論を第二次大戦後に改めて強調しました。そういう点で私たちの鎖国のイメージには、江戸時代の鎖国政策、江戸時代の鎖国論（東アジア地政論）、そして戦後の鎖国論の三つが併存して、それらが相乗効果を及ぼしていると思います。

（三）　三つの異なる〈幕末〉〈東アジア〉像

　このように歴史を考えるときには、歴史の束を時間的にも空間的にも異なるいくつかの文脈に分けて考える必要があると思います。その点をもう少し学術的にといいましょうか、あるいは、より方法的に異なる視点を持つ三つのグループに分けますと、西洋派、アジア派、日本派の幕末、東アジア像はそれぞれ異なっていたと整理できると思います。幕末明治初期における日本知識人の三つの異なる東アジア認識を一覧表にしてみますと以下のようになります。

表1　幕末明治初期、日本知識人の三つの異なる東アジア認識

A 自己認識	B 東アジア認識	C 東アジア体系
西洋派・蘭学(オランダ学)	明治維新	西洋の衝撃と開国
アジア派・漢学	華商ネットワーク	東アジア朝貢体系
日本派・国学	尊王攘夷	華夷秩序（日本型）

　まず一番左の縦軸に「自己認識」と書きましたけれども、西洋派の学問の中心は蘭学です。これはヨーロッパ全般の学問というよりも、むしろオランダの学問です。オランダの特徴を持ったもの、これはフランス、イギリス、ドイツとは違うオランダの歴史的・地域的な特徴でもありましたし、北欧周縁型の方法的な特徴がありました。お隣の中国にも洋学は早くからまた多方面で入ってきますが、しかし、蘭学は入りませんでした。そういう点で、日本と中国の西洋化の違いを考える一つの背景としては、『解体新書』などに代表される「蘭学」という、日本へのヨーロッパの入り方の特徴あるいは日

本のヨーロッパ選択の特徴があると思います。

　次にアジア派は、江戸時代末期まで儒教、儒学を中心とした漢学を世界像や歴史観さらには日常的な行動規範としてきました。

　それから、日本派は国学といいますが、国学の背景は儒教でありあるいはその流れを汲む心学・陽明学といえます。その中で東アジアのことを考えるとき、あるいは琉球王国など近隣諸国のことを考えるときには中華の視点を援用しますが、江戸末期にロシアの南下政策によって日本の海防を論ずるときには国土・国境としての日本を意識するという形で、新井白石の『南島論』や林子平の『海国兵談』などの国学というものが特徴付けられます。

　では、東アジアに対してはそれぞれどのような位置付けを持っていたのでしょうか。これは表1の二番目の項目ですけれども、西洋派は明治維新です。明治維新で日本が江戸時代の幕藩体制を終えて、新しい国をつくるのだということ、西洋化あるいは近代化である明治維新が日本の認識、それからアジアに対する認識の基準となったわけです。福沢諭吉を代表として、第二次大戦後の丸山真男にまで続く多くの研究は、この特徴を持っています。

　それから、アジア派は華商のネットワークに注目します。これはまた後ほど具体的に申しますけれども、日本がいわゆる開国をしますと、ヨーロッパの文物や商人が開港場に入ってきたということに焦点を当てた歴史を私たちは学んでいます。例えば、横浜の外国人居留地などを見ますと、ジャーディン・マセソンなど、ヨーロッパの商社や商人の歴史が出てきます。しかし、横浜の華僑華人の歴史を研究している伊藤泉美さんは、その歴史に清国の商人達の活躍が同じように見られるという点を見出しました。そして、そこから丹念に横浜と華商の影響力について研究されました。また、神戸における陳来幸さんなどの研究によれば、神戸においても華商の影響力があったということが明らかにされていますが、これもまた後ほど申し上げます。

　日本派の場合の自己認識としては、尊皇攘夷がありました。幕末維新期の尊皇攘夷の進め方は、例えば尊皇攘夷派であってもすぐイギリスに留学するケースもありますが、排外に基づいた尊皇攘夷という方針が示されました。

　それから最後の項目ですが、東アジアという広域地域や地域体系をどのように捉えるかというときに、西洋派はこれまでの幕藩体制あるいは鎖国体制から、新しい西洋との条約関係、西洋体系に基づく条約関係を基準として近代化を進める、という議論になります。

　アジア派の場合には東アジアの地域体系といいますか、東アジアの歴史的な地域秩序として、ここでは朝貢体系という言葉を使いました。朝貢という言葉は中華民国からは制度としては使われていませんけれども、朝貢関係の中身は華商のネットワーク、あるいは地域間の交易、海洋交易などでした。清朝の中華理念が後退しても東アジアの地理的な関係に大きな変化があったわけではありませんから、東アジアの地政的関係はそれほど大きく変わりません。しかし西洋からの見方（西洋派）は、日本が幕藩体制に区切りを付けて明治新体制になったというところを強調し、東アジア史の歴史的連続性ならびに関係性はそこで断ち切るという西洋をモデルとした近代国家を基準とするアジア観に切り替えました。

　それに対して日本派は、江戸時代については日本型華夷秩序という表現がなされていますけれども、東アジアに対して歴史的には長崎それから琉球さらには対馬を通して西洋・中国・朝鮮との関係を維持してきましたから、日本から見る東アジアの体系は、日本的な華夷秩序体系を背景としており、それを近代国家に切り替えたという捉え方です。

　以上概略的な形でみてきましたが、西洋的な見方、アジア的な見方、それから日本的な見方は、それぞれに異なる幕末維新像を持って、あるいは近代化の論理を持っており、一つの線で見ることはできず、歴史の束、論理の束があり、その中に華僑華人ネットワークも含まれていました。

（四）鎖国と日本史から見る〈東アジア朝貢体制〉

　これまでは西洋派の文脈で、近代日本とアジアの歴史が分析されてきたと思います。しかし今、例えば中華世界を歴史的に俯瞰しようとしますと、アジア派が議論しようとした、あるいは漢学者が議論しようとした東アジアと

いう広域地域の一員として日本があり、また、その中で清朝が持つ東アジアへの一貫した影響力を無視することはできないと思います。

　日本史の中でも、江戸時代は鎖国でありますけれども、実は四つの口、つまり四つの交易港がアジアに向かって開いていたという議論があります。北から、北海道の松前、次は朝鮮半島との間にある対馬、それから長崎は幕府が管理した口（交易港）です。そして琉球は薩摩藩が管理していました。松前藩はアイヌを通して北東アジアとの交易を行っています。対馬は朝鮮半島との交易を行っています。長崎は、一つはオランダの出島貿易であり、他の一つは唐船貿易です。清朝あるいは東南アジアからの船と商いをするという形で、長崎は幕府が管理した一つの口でありました。

　それから、琉球が東アジア・東南アジアに向かって開いていたことも重要

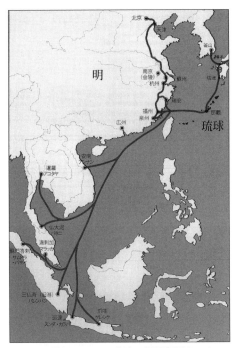

図1　15-17世紀における琉球の朝貢貿易ネットワーク
（出所）『新訂版　歴代宝案の栞』沖縄県教育委員会、2018年。

です。琉球は薩摩の支配下にあったわけですが、琉球の持っている東南アジアとの非常に広い貿易関係の中で、「鎖国」であるとはいえ日本は実質的にはこのように相対的に外に開いた取引を行っていたということができます。

　このように松前、対馬、長崎、琉球のそれぞれが、アジアに向かって相対的に開いていたということを考えますと、江戸時代の鎖国は、もちろん閉じていたともいえるのですが、相対的に東アジアあるいは東南アジアに向かって開いており、それは清朝を中心とした朝貢貿易体制の枠組みの中で機能していたという歴史文脈を、アジア派から見ると強調できると思います。

　図1は、琉球の朝貢貿易のネットワークです。琉球の位置は九州の南です。12〜13世紀に登場する琉球王国は独自の王朝制度を持ち、14世紀後半に中国に明王朝が成立し、四周に朝貢の礼を求めると朝鮮や琉球はそれに応じ、15世紀のはじめには琉球王国は、日本、朝鮮、東南アジアに広く交易のネットワークを持っていました。琉球王国は明朝・清朝に対して朝貢貿易を行うときには、特産の硫黄のほかに、胡椒や染料となる蘇木を朝貢品として調達しなければなりませんでした。胡椒と蘇木は琉球に産することはありませんので、東南アジアに買い付けに行き、それを中国に持っていくという多角的な中継交易です。

　琉球王朝は、例えば朝鮮から紙、木綿などを入手して、東南アジアと交換する、あるいは薩摩にもたらすという多角交易でした。ですから琉球王国は、主に明朝の時代ですけれども、明朝末期に鄭成功が台湾海峡に勢力を張る前は、このようにアユタヤやパレンバンなどに行って胡椒や蘇木を調達し、福州という琉球の朝貢使節の入港地から、北京に朝貢使節を進めるという朝貢関係を築いていました。また福州での交易は最も利益がありました。

　朝貢という表現は歴史の教科書に必ず出てきますが、一般的には儀礼的なやり取りとして理解されており、経済的な関係は見られないと理解されてきました。しかし、琉球国王は朝貢使節として2隻の船を福州に派遣します。乗組員は合計で約500人です。入港地の福州から北京への朝貢使節は大体50人です。その人たちが北京に行って皇帝に面会して福州に戻るまでには半年

かかります。残りの450人は、この福州でただ待っているわけではなく、蘇州に行って生糸を買い付けます。福州の商人に依頼して蘇州に出向かせ生糸を買い付けます。それから、福州の他の商人グループに依頼して広州に出向いて、19世紀に入りますと東南アジアの胡椒や蘇木などの商品のほかにイギリスの綿布などを買い付けます。

　そういう形で朝貢貿易は実は福州での貿易が一番規模が大きくまた利益のある部分です。北京の朝貢はある意味では皇帝への儀礼的な使節という側面が強いわけですが、これがなければ福州貿易も成り立ちません。そこで実際は福州での貿易利益を求めるべく、あるいはそれが大きいために琉球は2年に一度朝貢使節を送る規則ですが、朝貢使節を送った次の年には今度は使節を迎えにいくための使節、接貢使を福州へ送ります。そうすると福州には毎年琉球から船が来て取引を行うことができることになります。鄭成功が台湾海峡を封鎖して以降は、琉球は日本と清朝との間の中継貿易に特化しますが、明初から数えて400年余りの間、19世紀後半のいわゆる琉球処分までは清朝の朝貢国として東アジアと東南アジアの間を結ぶ役割を果たします。

図2　江戸後期の画家、松前藩主の蠣崎波響による『夷酋列像』

　例えば、今、沖縄は日本で一番昆布を食べる県です。昆布は北海道でしか獲れないわけです。琉球から俵物として中国にもたらしていた長い歴史が、今でも食習慣、食生活の中に根付いているということは非常に興味深いものがあります。それから、東南アジアのゴーヤ（苦瓜）、あるいは東南アジア特産の胡椒などが琉球で受け止められて、北へ運ばれておりました。

　このように見てきますと、東アジアの歴史を考えるときに、あるいは中華世界を考えるときに、琉球が果たした、中華の周辺と周辺を結んでいくという役割に注目したいと思います。これまで中華世界というと、明朝・清朝の中心から放射状にどのように広がっていたかという中心から見る中華世界観でしたけれども、周辺相互のつながりということも中華世界の歴史を理解するためにとても重要であると思います。

　蠣崎波響という松前藩主が描いた絵をここ（図2）に示しましたが、これはアイヌの首長がまとっている絹織物、刺繡です。そして、例えば靴は満洲の原住民の靴に似ています。そういう形で、北東アジアからの影響が非常に強いことが分かります。絹織物が中国から北回りでシベリア地域を経由してオホーツク海を渡り、いくつかの現地諸民族の手を経由してアイヌの手に渡ったことを示しています。

（五）近代概念の中の〈東アジア〉、〈アジア〉

　ここからは近代に入ります。近代という概念は、ヨーロッパから見る近代、それから、アジアから見る近代、そして世界史としての近代という視点からではまた異なっています。私たちは近代というと、何か一つのまとまりとしての近代と考えがちですし、一つの時代と考えがちですけれども、先に見た自己認識・他者認識・時代認識など、見方によって異なります。例えばアジアという表現はヨーロッパから見た見方ですが、孫文が発音はそのまま利用して漢字表記で「亜細亜」というとき、ヨーロッパから来たアジアという言葉を利用して、それまでとは異なるアジア認識によってアジアの主体性を表そうとしました。いわば西洋視野を逆手に取って、それに抵抗するアジ

アの近代というものがあるということを考えることになります。孫文の「知域」（知識の広がり、知の空間表現）すなわち孫文が持っている知識の範囲、つまり孫文はハワイで成長し、ロンドンにも滞在しましたし、アメリカにも滞在しましたし、東南アジアの華僑社会とのつながりも強いものがありました。そういう孫文の視野の広がりから見ますと、知識人の中華世界があるということができると思います。あるいはそのような広がりや外側からの視野で中華を考える必要があります。また、陳達という1920年代の一時期にアメリカへ移住した知識人がいます。彼は初めて社会学という西洋の学問方法を用いて広東・福建から東南アジアに移民した華僑社会を分析しました。知識人が示す中華世界は、西洋の方法を活用することもあり、中華世界の移民ネットワークは知識人の移民ネットワークすなわち、中華世界の「知」のネットワークとして大きな役割を果たしています。

　そういう点で、19世紀後半から20世紀初頭における日本の東アジア分析の方法を考えるとき、西洋派はドイツのランケの実証史学に基づく西洋史の方法、アジア派は東洋史（儒教、中華世界、中国史とアジア史）を用いるわけです。1902年に京都大学に東洋史という学科ができますが、この東洋史は中国史ではなくて、むしろ中央アジアなど、中国の周辺を考えるという、それまでの中国を中心とした歴史ではなく、広くその周辺地域を検討しようとする学科でした。それから、日本派は、日本史に基づいて東アジアを考えましたが、日本における日本史学科は、日本国内史と対外交渉史（スペイン、ポルトガル、オランダ、イギリスなどのヨーロッパとの関係史）です。これは長崎とヨーロッパとのつながりがありましたから、日本国史とヨーロッパとの交渉史の二つが併行してつくられています。現在にまで到る長期の中国の歴史的な変化の過程で、西洋史や日本史といえども、アジア・中国・中華世界を考える契機は強くなってきていると思います。

（六）　グローバリゼーションの下での地域連関と新たな華人ネットワークの形成

　現在、グローバリゼーションが進む中で、世界の地域関係が大きく変化し

ていると思います。これまでは、図3の左側の地域空間で世界は捉えられて
きました。すなわち、一番大きな地域空間としての地球があり、その下に世
界、次いでアジア・ユーラシアのような大地域が位置し、その下に国家が位
置し、さらに国家の下での地域があり、最後に地方という空間単位が位置づ
けられていました。これまでの世界認識や世界史では、これらの地域空間の
序列がはっきりしており、また相互の関係は上下関係として固定していたと
思います。地方は決して世界の上に行くことはできませんでした。しかし、
グローバリゼーションの中の地域関係を考えてみますと、これまでの固定し
た上下の地域関係は、情報・通信のネットワークや交通・物流のネットワー
クを通して相対化されています。図3の右側に示されていますが、ヒト・モ
ノ・情報の移動が、さまざまな通信・交通網を通して、これまでは上下関係
に置かれていたそれぞれの地域空間の主体が、独自にそのほかの全ての地域
空間とそれぞれにつながることができるというグローバル世界であると思い
ます。ここでは、私はとくに「地方」と「海洋」という新しい地球規模の役
割を持つ地域主体に注目しております。これら両者のこれからの活動が、今
後の地球規模の課題に取り組む重要な位置を占めていると思います。

　このようなグローバルな視点から改めて華僑華人というヒトの動きの歴史

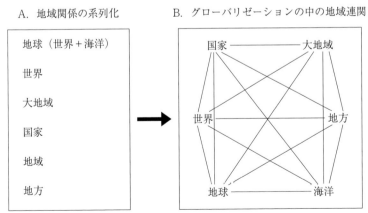

図3　グローバリゼーションの下での地域連関

や、中華世界という世界視野の歴史と現在を考えるとき、そこに蓄積されて
きた、日本の歴史と共通するところもありながら同時に異なるところも多い
移民ネットワークや中華世界の歴史を、いくつかの異なる視角から検討し、
現在のまた今後の相互関係を築いていくことが求められていると思います。
一つの国家単位で世界を見た場合には、中華世界が持つ社会的また文化的な
要素の広がりと多様性を捉えることは難しいと思われます。いわゆる国民国
家の時代に契約労働移民や国籍問題が前面に出された議論は、現在進行する
グローバルな時代に登場している多様な地域間の連携や融合あるいは周辺連
携型の視野から、中華世界を描き直すことも必要になっていると思います
し、それは日本などの中国の周縁地域の関わり方と直結する課題であると思
います。そしてこの課題は特に沿海都市のネットワーク、あるいは海域の
ネットワークなどを通して取り組むことになると思われます。中華世界を華
僑・華人の移民ネットワーク、それから周辺という視点から考えるとき、そ
こではこれまで中心からのみ見てきた近代国家史の文脈ではなく、そこに含
まれてこなかった海洋ネットワークの中に位置した多くの周辺ネットワーク
の歴史的な役割なども現れてきます。そしてそれらを視野や方法の中に取り
込んだ、アジアからのグローバルな歴史の視野あるいはアジアからの歴史の
文脈の中で、日本を広く中華世界の中で位置付けながら考えていく必要があ
ると思います。

【参考文献】

〔日本語文献〕

石川亮太『近代アジア市場と朝鮮　開港・華商・帝国』名古屋大学出版会、2016年。

伊藤泉美『横浜華僑社会の形成と発展　幕末開港期から関東大震災復興期まで』山川
　出版社、2018年。

内田直作『日本華僑社会史の研究』同文館、1949年。

籠谷直人『アジア国際通商秩序と近代日本 』名古屋大学出版会、2000年。

須山卓「華僑問題―史的考察に関する序説―」長崎大学『経営と経済』50 (1)、1970年、
　93〜136頁。http://naosite.lb.nagasaki-u.ac.jp/dspace/bitstream/10069/27801/1/

keieikeizai50_01_03.pdf

中華会館編『落地生根　神戸華僑と神阪中華会館百年史』研文出版、2000年。

陳来幸『近代中国の総商会制度　繋がる華人の世界』京都大学学術出版会、2016年。

奈倉京子『帰国華僑　華南移民の帰還体験と文化的適応』風響社、2012年。

浜下武志、川勝平太編『アジア交易圏と日本工業化1500-1900』藤原書店、2001年。

古田和子『上海ネットワークと近代東アジア』東京大学出版会、2000年。

マルコ　ティネッロ『世界史からみた「琉球処分」』榕樹書林、2017年。

丸山真男『福沢諭吉の哲学』岩波文庫、2001年。

山城興勝『琉僑　世界ウチナーンチュ物語』クリエイティブ21、2004年。

和辻哲郎『鎖国　日本の悲劇』（上、下）岩波文庫、1982年。

〔中国語文献〕

陳達『南洋華僑与閩粤社会』商務印書館、1938年。（満鉄東亜経済調査局翻訳『南洋華僑と福建・広東社会』1939）

陳肖英『従義烏市場透視全球化時代的海外華商網絡』中国社会科学出版社、2018年。

横浜中華学院『横浜中華学院百週年院慶記念特刊：1897-1997』2000年。

〔ウェブサイト資料〕

Chen Ta（陳達）, Chinese migrations, with special reference to labor conditions / by Washington : Govt. print off., 1923. http://www.lib.nus.edu.sg/chz/chineseoverseas/oc_cd.htm

編者

奈倉 京子（なぐら きょうこ）

静岡県立大学国際関係学部・准教授。中山大学人文学院（現社会学与人類学学院）博士課程修了。専攻は文化人類学、中国地域研究。著書に『中国系新移民の新たな移動と経験 世代差が照射する中国と移民ネットワークの関わり』（編著、明石書店、2018 年）、『帰国華僑 華南移民の帰還体験と文化的適応』（風響社、2012 年）、『「故郷」与「他郷」：広東帰僑的多元社区、文化適応』（社会科学文献出版社、2010 年）、論文に「中国系移民の故郷—帰国華僑の中国認識—」（『文化人類学』80（4）、2016 年）などがある。

執筆者

及川 茜（おいかわ あかね）

神田外語大学アジア言語学科・講師。東京外国語大学大学院博士後期課程単位取得退学。専攻は日中比較文学、マレーシア中国語文学。論文に「サラワク作家のダヤク人表象」（『マレーシア研究』6、2017 年）、「翻訳論としての『四鳴蟬』—中国戯曲をめぐる雅俗意識—」（『中国俗文学研究』21、2011 年）、訳書に『郝景芳短篇集』（白水社、2019 年）、『Aな夢 鯨向海詩集』（思潮社、2018 年）などがある。

崔 晨（さい しん）

拓殖大学政経学部・講師。拓殖大学大学院商学研究科博士課程修了。専攻は商学、国際経営。著書に、『日本と東南アジア』（共著、鳳書房、2014 年）、『現代アジア社会における華僑・華人ネットワークの新展開』（共著、風響社、2014 年）、『近 30 年来東亜華人社団的新変化』（共著、厦門大学出版社、2010 年）、論文に「“一帯一路”と東南アジア華僑華人」（『拓殖大学政治行政研究』9、2018 年）、「“一帯一路”構想の現実」（拓殖大学『海外事情』3、2016 年）などがある。

首藤 明和（しゅとう としかず）

中央大学文学部・教授。大阪大学人間科学部卒業、神戸大学大学院文化学研究科博士課程修了。博士（学術）。専攻は社会学、現代アジア社会論。著書に『日本と中国の家族制度研究』（共編著、風響社、2019 年）、『中日家族研究』（共編著、浙江大学出版社、2013 年）、『分岐する現代中国家族 個人と家族の再編成』（共編著、明石書店、2008 年）、『中国の人治社会 もうひとつの文明として』（日本経済評論社、2003 年）などがある。

玉置 充子（たまき みつこ）

拓殖大学日本語教育研究所・准教授。慶應義塾大学大学院文学研究科後期博士課程単位取得退学。専攻は東アジア近現代史、東アジア地域研究。著書に『潮州人　華人移民のエスニシティと文化をめぐる歴史人類学』（共著、風響社、2018年）、『入門 東南アジア現代政治史（改定版）』（共著、福村出版、2016年）、論文に「台湾人の東南アジア進出の歴史的展開—1930〜1940年代のタイを中心に—」（『拓殖大学台湾研究』第3号、2019年）などがある。

富沢 寿勇（とみざわ ひさお）

静岡県立大学国際関係学部・特任教授、グローバル地域センター副センター長。東京大学大学院社会学研究科博士課程単位取得退学、博士（学術）。専攻は文化人類学、イスラーム圏東南アジア地域研究。著書に『ハラールサイエンスの展望』（監修、シーエムシー出版、2019年）、『王権儀礼と国家　現代マレー社会における政治文化の範型』（東京大学出版会、2003年）、論文に「ハラール産業と監査文化研究」（『文化人類学』83（4）、2019年）、「グローバリゼーションのなかのマレー・ディアスポラ運動」（『グローバリゼーションズ』弘文堂、2012年）などがある。

濱下 武志（はました たけし）

静岡県立大学グローバル地域センター・特任教授。東京大学大学院東洋史学専攻博士課程単位取得修了。専攻は中国近現代史、アジア地域史。著書に『華僑華人と中華網』（岩波書店、2013年）、『沖縄入門　アジアをつなぐ海域構想』（ちくま新書、2000年）、『香港　アジアのネットワーク都市』（ちくま新書、1996年）、『アジアから考える』（全7冊、共編著、東京大学出版会、1993〜1994年）、『アジア交易圏と日本工業化』（共編著、リブロポート、1991年、藤原書店、2001年新版）、論文に「海洋が生んだ世界図」（『最古の世界地図を読む』法蔵館、2020年）などがある。

中華世界を読む

2020 年 4 月 30 日　初版第 1 刷発行

編著者●奈倉京子
発行者●山田真史
発行所●株式会社東方書店
　　　　　東京都千代田区神田神保町 1-3　〒 101-0051
　　　　　電話 (03) 3294-1001　営業電話 (03) 3937-0300

組　版●三協美術
装　幀●冨澤崇 (EBranch)
印刷・製本●モリモト印刷株式会社

※定価はカバーに表示してあります

ⓒ2020　奈倉京子　　Printed in Japan
ISBN978-4-497-22010-3　C1036
乱丁・落丁本はお取り替え致します。恐れ入りますが直接本社へご郵送ください。
Ⓡ本書を無断で複写複製（コピー）することは、著作権法上での例外を除き、禁
じられています。本書をコピ　される場合は、事前に日本複製権センター（JRRC）
の許諾を受けてください。
JRRC〈http://www.jrrc.or.jp　Eメール：info@jrrc.or.jp　電話：03-3401-2382〉
小社ホームページ〈中国・本の情報館〉で小社出版物のご案内をしております。
https://www.toho-shoten.co.jp/